CATALOGUE

DE

I° BEAUX DESSINS DU XVIIIme SIÈCLE

AQUARELLES - GOUACHES - PASTELS

PAR

DIANA BEAUCLERCK — François BOUCHER — Pierre CHASSELAT - Léon GLAIN —
Sylvester HARDING - Mlle HÉMERY — Jean-Baptiste HUET — J.-B. LALLEMAND — J.-B. LE PRINCE
LIOUX de SAVIGNAC — Alex. MOITTE — Louis MOREAU — Ch. NATOIRE — V. J. NICOLLE —
B. P. OMMEGANCK — N.-M. OZANNE — J.-P. PANINI — P.-A. PATEL —
J. PILLEMENT — J.-H. RAMBERG — Hubert ROBERT — Th. ROWLANDSON — L. TRINQUESSE —
Mme VIGÉE-LEBRUN — L.-J. WATTEAU — J.-G. WILLE, etc.

ESTAMPES DU XVIIIme SIÈCLE

DES ÉCOLES FRANÇAISE ET ANGLAISE

Imprimées en noir et en couleurs

ŒUVRES DE :

L.-M. BONNET — H.-B. CHALON — J.-B.-S. CHARDIN — L.-Ph. DEBUCOURT — A.-M. de GOUY —
G. DEMARTEAU — J. D. DUGOURE — H. FRAGONARD — S. FREUDEBERG — L. GUYOT —
J.-B. HUET — J.-B. ISABEY — J.-Fr. JANINET — N. LANCRET — N. LAVREINCE — Th. LAWRENCE —
J.-B. MALLET — G. MORLAND — J. REYNOLDS — A.-F. SERGENT — N. TAUNAY — C. TURNER —
J. VERNET — Ant. WATTEAU, etc.

LIVRES SUR LA GRAVURE

appartenant à divers

II° ESTAMPES SUR LE SPORT HIPPIQUE ET LA CHASSE

Provenant de la Collection de M. A. DU BOS

Ancien Vice-Président de la Société des Steeple-Chases

Dont la Vente aura lieu

à PARIS - HOTEL DROUOT - SALLE N° 10

les Vendredi 22 et Samedi 23 Février 1929

à 2 heures précises.

COMMISSAIRE-PRISEUR :

Me F. LAIR-DUBREUIL

6, rue Favart

PARIS (2e)

EXPERT :

M. JEAN CAILAC

13, rue de Seine

PARIS (6e)

CONDITIONS DE LA VENTE

La vente sera faite au comptant.

Les acquéreurs paieront *19,50 pour cent* en sus des enchères.

M. Jean Cailac se chargera, aux conditions d'usage, des ordres d'achat qui lui seront confiés *(Téléphone Littré 72-46)*.

La Collection sera visible chez M. Passeron, marchand d'estampes, 13, rue de Seine, du *Mercredi 13* au *Mercredi 20 Février 1929*, de 2 heures à 5 heures *(Le Dimanche excepté)*.

Les gravures sur le sport hippique et la chasse seront visibles à l'Exposition publique, à l'Hôtel Drouot.

EXPOSITION PUBLIQUE
HOTEL DROUOT, SALLE N° 10

Le Jeudi 21 Février 1929, de 2 heures à 6 heures.

ORDRE DES VACATIONS

Le Vendredi 22 Février 1929

Aquarelles, gouaches, dessins, gravures . . . N^{os}   1 à 163

Le Samedi 23 Février 1929

Gravures du XVIIIe Siècle, sport hippique, chasse. N°s 164 à 317

AQUARELLES - GOUACHES
PASTELS - DESSINS
PRINCIPALEMENT DU XVIIIe SIÈCLE

ANONYMES

1. **Buste de jeune femme, de profil à gauche,** copie d'après Le Clerc.
   Crayon noir, sanguine et aquarelle. Cadre ancien en bois sculpté et doré.

   H. 212 mill. ; L. 155.

2. **Deux personnages montés sur des gaînes.** Plume et rehauts de gouache sur papier bleu (copie du début du xix⁰ siècle d'après un maître italien du xvi⁰ siècle). Cadre ancien italien à fronton, en bois sculpté (redoré).

   H. 203 mill. ; L. 120.

3. **Portrait de femme en buste,** corsage ouvert sur le sein gauche, draperie sur les avant-bras. Débuts du xix⁰ siècle.
   Crayon noir et rehauts de blanc. De forme ovale. Cadre en bronze doré.

   H. 136 mill. ; L. 112.

BEAUCLERCK (Lady Diana)
(1734 † 1808)

4. **La Marchande de fleurs.**
   Plume, lavis d'encre de Chine, rehauts d'aquarelle. De forme ovale. Encadré.

   H. 255 mill. ; L. 176.

BÉNARD (C.-J.)

(Architecte, xvııı° siècle)

5. **Salle des Spectacles de Marseille.** Aquarelle de forme ronde, *signée* et *datée : 1786*. Encadrée.

Diam. : 72 mill.

BOISSIEU (Jean-Jacques de)

(Lyon 1736 † Lyon 1810)

6. **Le Passage du gué.** Au lavis d'encre de Chine, *signé, légendé* et *daté : Désiné* (sic) *à Mont-ferrand en Bugey par J. J. D. B. le 3 mars 1795*. Cadre ancien.

H. 263 mill. : L. 385.

BOUCHER (François)

(Paris 1703 † Paris 1770)

7. **Une Famille.** Au crayon noir et à l'estompe, avec rehauts de blanc, sur papier gris. Collection Dollfus. Cadre en bois sculpté et doré.

H. 276 mill. ; L. 412.

8. **Les Bulles de savon.** A la plume, *signé* et *daté : 1754*. Cadre ancien.

H. 227 mill. ; L. 163.

BOUCHER (École de François)

9. **Le Curieux.** Au lavis de sépia. Cadre époque Louis XVI.

H. 220 mill. ; L. 138.

10. **Le Repos.**
Crayon noir et rehauts de blanc, sur papier chamois. Encadré.

H. 195 mill. ; L. 235.

BOUCHER (d'après Fr.)

11. **Le Réveil** (Mme Filion), par E. Raulin. Au crayon noir, *signé*. Encadré.

H. 410 mill. ; L. 320.

CHASSELAT (Pierre)

(Paris ? † Paris 1814)

12. **Jeune Femme debout, esquissant un pas de danse.** Crayon noir et estompe, rehauts de blanc, sur papier chamois. Cadre ancien en bois sculpté et doré.

H. 432 mill. ; L. 277.

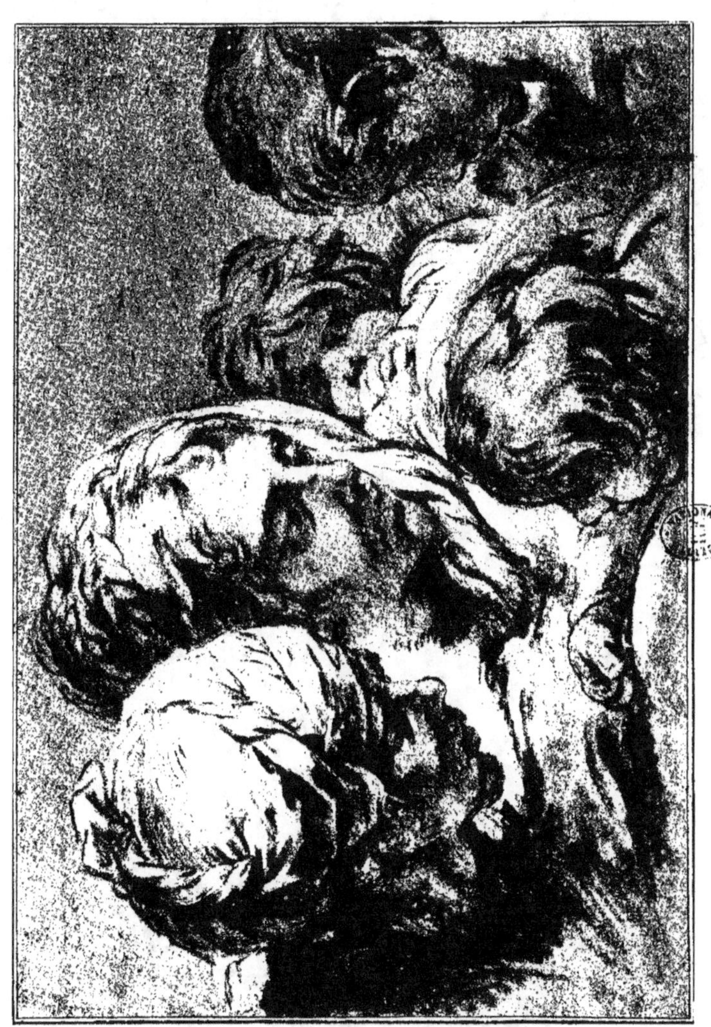

N° 7 du Catalogue.

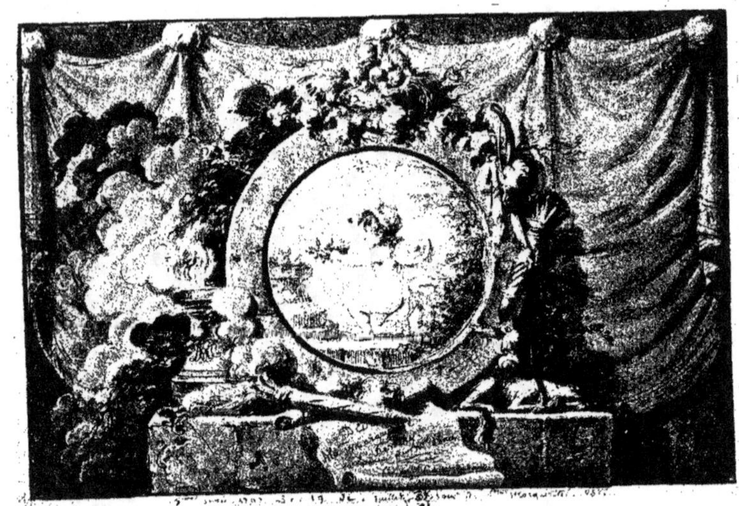

Nº 53 du Catalogue.

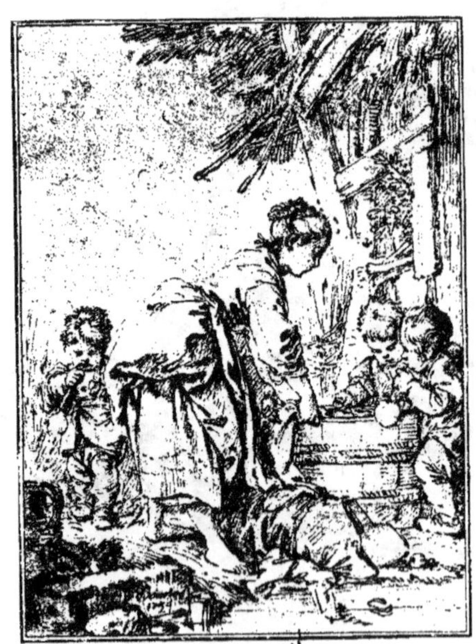

Nº 8 du Catalogue.

CHOQUET (René-Maxime)
(École française xix° siècle)

13. **Chevaux au pré.** Aquarelle et gouache, *avec dédicace, signée* et *datée : 1898.* Encadré.

H. 305 mill.; L. 490.

CORRÈGE (Ant. Allegri, dit le)
(Correggio 1494 + Correggio 1534)

14. **Deux têtes d'anges.** A la sanguine, sur parchemin. Cadre ancien en bois noir.

H. 165 mill.; L. 116.

COURTOIS, DIT LE BOURGUIGNON
(Jacques)
(Saint-Hippolyte 1621 + Rome 1676)

15. **Combats de cavalerie.** Deux petits dessins à la plume rehaussée de sanguine, sous un même cadre ; au milieu de ce cadre, autre combat de cavalerie par un anonyme. Cadre ancien.

DESFRICHES (attribué à Th.-A.)
(Orléans 1715 + 1800)

15 *bis*. **Le Bac.** Aquarelle pour un dessus de boîte.

H. 55 mill.; L. 117.

DE VOGÉ (François)
(Gray 1732 + 1811)

16. **Portrait d'un homme de guerre entre Minerve et la Victoire.** Plume et lavis d'encre de Chine, *signé* et *daté :* 1778. Encadré.

ÉCOLE ALLEMANDE (XVI° siècle)

17. **Paysage traversé par une rivière.** Gouache en manière de camaïeu, sur fond bleu. Encadrée.

H. 184 mill.; L. 293.

ÉCOLE ANGLAISE (XVIII° siècle)

18. **Portrait d'un gentilhomme, en buste,** de trois quarts à gauche. Crayon noir et légers rehauts d'aquarelle. De forme ovale.

H. 61 mill.; L. 49.

ÉCOLE FLAMANDE (XVIII° siècle)

19. **Les Gardeuses de chèvres.** Plume et lavis de sépia. Encadré.

H. 417 mill.; L. 568.

ÉCOLE DE FONTAINEBLEAU

20. **Amours et guirlandes de fruits.** Plume et lavis d'encre de Chine. Encadré.

H. 272 mill. ; L. 367.

ÉCOLE FRANÇAISE (XVIIe siècle)

21. **Sujets gracieux.** Deux gouaches pour des éventails (plis à l'une, trous de vers à l'autre). Cadres anciens en bois sculptés et dorés.

H. 255 mill. ; L. 410.

ÉCOLE FRANÇAISE (XVIIIe siècle)

22. **La Baigneuse épiée.** Gouache. Cadre ancien.

H. 210 mill. ; L. 160.

23. **Deux jeunes princesses royales,** l'une assise dans un fauteuil, l'autre debout tenant une fleur. Gouache sur peau de cygne. Joli cadre époque Louis XIII, en bois sculpté et doré.

H. 85 mill. ; L. 105.

24. **Le galant Berger.** Gouache, Encadrée.

H. 153 mill. ; L. 110.

25. **Paysage des environs de Rome,** avec colonne à chapiteau. Gouache. Encadrée.

H. 212 mill. ; L. 157.

26. **Paysage d'Italie.** Pierre noire, aquarelle et gouache. Encadré.

H. 172 mill. ; L. 258.

27. **La Cascade — Le petit Pont.** Deux importantes gouaches formant pendants. Encadrées.

H. 387 mill. ; L. 595.

28. **Paysages d'Italie.** Deux gouaches de forme ronde, formant pendants. Encadrées.

Diam. : 135 mill.

29. **Vénus et l'Amour — Diane et l'Amour.** Deux dessins de forme ovale, à la plume et lavis de sépia. Encadrés.

H. 81 mill. ; L. 185.

30. **Trois personnages conversant au bord d'une rivière.** Au lavis de sépia. Cadre en bordure ancienne.

H. 170 mill. ; L. 180.

31. **Le Cabaret dans les ruines.** Au lavis de sépia.
Encadré.

H. 172 mill.; L. 298.

32. **Portrait de jeune garçon, à mi-corps,** de trois-quarts
à gauche.
Crayon et légers rehauts d'aquarelle. De forme
ovale. Encadré.

H. 61 mill.; L. 49.

33. **Homme vu à mi-corps et tenant un bâton.**
Crayon noir et sanguine. Encadré.

H. 172 mill.; L. 177.

34. **Les Heures du Jour et de la Nuit,** d'après Raphaël.
Série de 7 gouaches; fin du xviii° siècle.

H. 410 mill.; L. 310.

ÉCOLE HOLLANDAISE (XVII° siècle)

35. **Ville au bord d'une rivière,** sillonnée de barques à
voiles. Peinture sur panneau de forme ronde. Très
beau cadre époque Louis XV en bois sculpté et doré.
Vente M. Paulme, novembre 1923, n° 94.

Diam. : 200 mill.

36. **Les Bûcherons devant l'église.** Au lavis d'encre de
Chine. Encadré.

H. 140 mill.; L. 205.

ÉCOLE ITALIENNE (XVII° siècle)

37. **Le Temps désarmé par les femmes.** Lavis d'encre
de Chine et rehauts de gouache sur papier bleu. Col-
lections Vallardi et Chiantorre. Cadre ancien époque
Louis XIV.

H. 305 mill.; L. 500.

38. **Jésus au milieu de ses disciples.** Plume, sanguine
et lavis de sépia. Encadré.

H. 255 mill.; L. 395.

39. **Deux figures d'anges.** A la sanguine (déchirure).
Collection sir Joshua Reynolds. Encadré.

H. 250 mill.; L. 180.

40. **Femme nue assise sur un tertre,** les bras levés. A la
sanguine. Encadré.

H. 315 mill.; L. 178.

41. **Etudes de figures.** A la plume, marque de collection.
Encadré.

H. 230 mill.; L. 240.

ÉCOLE SUISSE (XVIIIᵉ siècle)

42. **La Cour du presbytère.** Plume et lavis de sépia. Encadré.

> H. 175 mill. ; L. 250.

EISEN (François)
(Bruxelles 1695 † Bruxelles...)

43. **Les Jardins de l'Ile d'Amour.** Aquarelle, *signée*. Encadrée.

> H. 167 mill. ; L. 212.

44. **Le Moulin — Les Chaumières.** Deux aquarelles formant pendants. Sous-verres.

> H. 170 mill. ; L. 210.

¡ÉVENTAILS

45. **Pastorale galante.** A la gouache sur papier. Au verso, femme assise dans un paysage. Monture ivoire, décor au Chinois. Epoque Louis XV.

46. **Scène chinoise.** Impression coloriée et gouachée, sur papier. Monture ivoire, style Louis XV.

FORT (Jean-Antoine-Siméon)
(Valence 1793 † Paris 1861)

47. **Le Torrent.**
Aquarelle, *signée* et *datée : 1829.* Encadrée.

> H. 195 mill. ; L. 140

GLAIN (Léon)
(Ecole française xviiiᵉ siècle)

48. **Portrait présumé de Mlle Rens, de l'Opéra.** Pastel, *signé* et *daté : 1758.*

> ¡H. 610 mill. ; L. 510.

Selon une inscription figurant au verso, ce portrait a été exposé à l'Académie de Saint-Luc en 1760.

GRAVELOT (attribué à Hubert-François)
(Paris 1699 † Paris 1773)

49. **Dame de qualité, debout, tenant un éventail.** Crayon noir et rehauts de blanc sur papier gris (découpé sur une partie du contour à gauche). Encadré.

> H. 330 mill. ; L. 208.

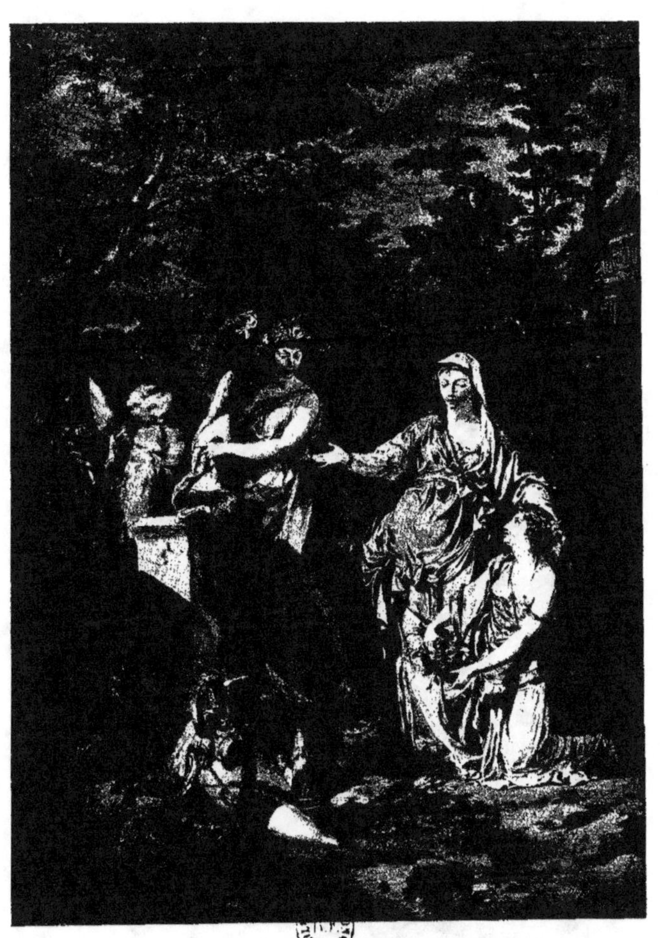

Nº 64 du Catalogue.

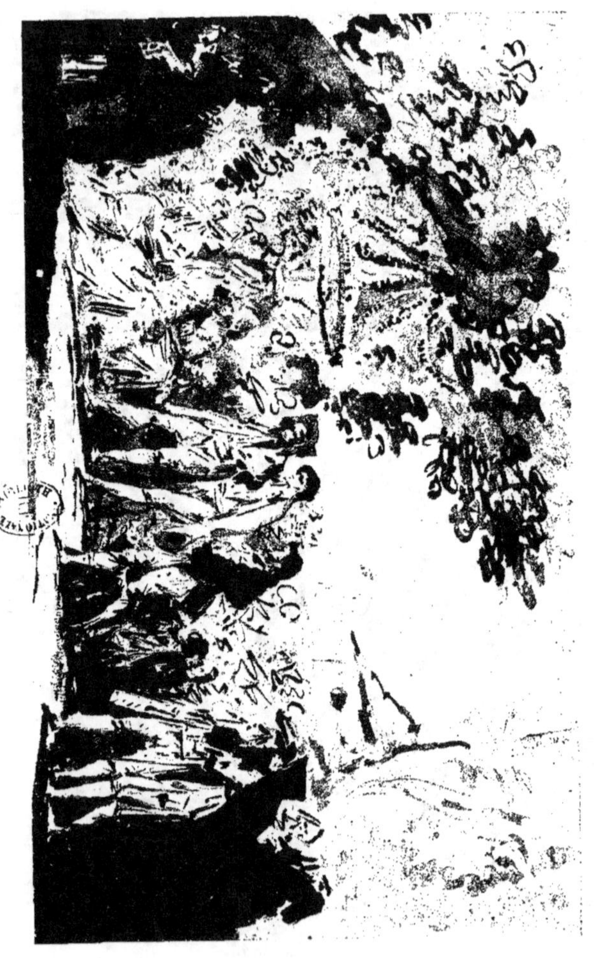

N° 67 du Catalogue.

GUARDI (École de F.)
(Venise 1712 † Venise 1793)

50. Le Portique au bord de la mer.
Plume et lavis d'encre de Chine. Cadre ancien en
bois sculpté et doré.

> H. 280 mill; L. 453.

HARDING (Sylvester)
(Newcastle 1745 † Londres 1809)

51. La Collation.
Aquarelle, *signée* et *datée : 1772*. Cadre en bois sculpté
et doré.
N° 195 Vente A. Beurdeley, Galerie Georges Petit, 9 juin 1920.

> H. 225 mill.; L. 190.

HELLEU (Paul)
(Vannes 1859 † Paris 1927)

52. Le Kodak.
Aux crayons de couleurs, *signé*. Encadré.

> |H. 390 mill.; L. 365.

HÉMERY (Mlle)
(Ecole française xviiiᵉ siècle)

53. L'Amour ornant de présents l'autel de l'Amitié.
Médaillon de forme ronde, à la mine de plomb, dans
un charmant encadrement au lavis de sépia et à la
gouache. Dans un cartouche, on lit : *Dédié à Mme
Marguerite Hémery, Epouse de M. Ponce, Par Mlle
Hémery sa sœur.* Sur le montage, de la même écriture
: *5ᵉ année 1797. Le 19 de Juillet jour de Sainte
Marguerite. VST.*
Cadre ancien en bois sculpté et doré.

> Diam. du médaillon : 75 mill.
> Dim. totales : H. 163 mill. ; L. 242.

HEURTIER
(Ecole française xviiiᵉ siècle)

**54. Statue équestre au milieu de ruines romaines, ani-
mées de personnages.**
Lavis d'encre de Chine et rehauts de gouache.
Encadré.

> H. 520 mill.; L. 640.

HUET (Jean-Baptiste)
(Paris 1745 † Paris 1811)

55. **La Fuite en Egypte.** A la plume, lavis de sépia, *signé
et daté : J.-B. Huet, l'an 6ᵉ.* Encadré.

> H. 407 mill.; L. 278.

56. **Deux moutons couchés.** A la sanguine. Cadre ancien
en bois sculpté et doré.

> H. 172 mill.; L. 260.

57. **Tête de cheval.** Plume et lavis d'encre de Chine,
signé. Cadre Louis XVI, redoré.

> H. 155 mill.; L. 175.

JULLIARD (Nicolas-Jacques)
(Paris 1715 † Paris 1790)

58. **Le Joueur de flûte.** A la plume, *signé.* Cadre ancien.

> H. 230 mill.; L. 165.

KAUFFMAN (attribué à Angélica)
(Coire 1740 † Rome 1807)

59. **Offrande à l'Amour.** Au crayon noir; de forme ovale.
Encadré.

> H. 207 mill.; L. 243.

LAJOUE (Jacques de)
(Paris 1687 † Paris 1761)

60. **Projet de fontaine.** Plume et lavis de sépia. Ancienne collection Langlart, de Lille. Encadré.

> H. 310 mill.; L. 140.

LALLEMAND (Jean-Baptiste)
(Reims 1710 † Paris 1805)

61. **Les Baigneuses.** Aquarelle et gouache. Encadrée.

> H. 247 mill.; L. 330.

LAPI (Nicolo)
(Florence 1661 † 1732)

62. **Deux compositions pour un plafond,** sur la même
feuille. Plume et lavis de sépia. Collection J. Dupan.
Encadré.

> H. 315 mill.; L. 245.

LA RUE (Philibert-Benoît de)

(Paris 1718 †   )

63. **Combat sous les murs d'une ville fortifiée.** Plume et lavis de sépia, *signé* des initiales. Collection du Chevalier de Damery. Encadré.

H. 70 mill.; L. 217.

LE BARBIER (J.-J.-F.)

(Rouen 1738 † Paris 1826)

64. **Offrande à Pan.** Importante aquarelle.

H. 530 mill.; L. 370.

LE GUAY (Charles-Etienne)

(Sèvres 1762 † 1840)

65. **Les Oiseleurs**, d'après F. Boucher. A la mine de plomb. Cadre ancien en bois sculpté et doré.

H. 210 mill.; L. 287.

LEJOLIVET (C.-J)

(Détails biographiques inconnus)

66. **La Mort de Lucrèce.** Plume, lavis d'encre de Chine et gouache, *signé* et *daté : 1764*. Encadré.

H. 310 mill.; L. 345.

LE PRINCE (Jean-Baptiste)

(Metz 1733 † St-Denis-du-Port 1781)

67. **Le Droit du Seigneur.** Au lavis de sépia. Cadre en bois sculpté et doré.

H. 215 mill.; L. 358.

68. **Couple de paysans russes.** Au lavis de sépia. Encadré.

H. 186 mill.; L. 62

LIOUX DE SAVIGNAC (De)

(Ecole française xviiie siècle)

69. **Paysage traversé par une rivière,** avec promeneurs et paysans. Gouache, *signée* et *datée : 1778*. Cadre ancien en bois sculpté et doré.

H. 226 mill.; L. 284.

LUCIANO (dit S. del Piombo)
(Venise 1485 + Rome 1547)

70. **Etude de jambe.** A la plume. Encadré.

H. 190 mill.; L. 50.

LUINI (Ecole de Bernardino)
(Italie xvi° siècle)

71. **Portrait d'homme, en buste,** de profil à gauche. A la
sanguine; marque de collection (restauré). Encadré.

H. 272 mill.; L. 202.

MOITTE (Alexandre)
(Paris 1750 + Paris 1828)

72. **Jeunes femmes costumées, en pied,** et coiffées de
grands chapeaux. Deux dessins à la mine de plomb,
sous un même cadre, *signés* sur le montage : *A. Moitte
in. 1786.* Cadre ancien en bois sculpté et doré.

H. 194 mill.; L. 150.

73. **Jeunes femmes costumées, l'une en pied,** vue de dos,
l'autre assise, presque de face. Deux dessins à la mine
de plomb, sous un même cadre, *signés* sur le montage : *A. Moitte inv. 1786* Cadre en bois sculpté et
doré.

H. 197 mill.; L. 151.

MOREAU L'AINÉ (Louis-Gabriel)
(Paris 1740 + Paris 1806)

74. **Les Pêcheurs.** Aquarelle. Cadre ancien.

H. 200 mill.; L. 315.

NATOIRE (Charles)
(Nîmes 1700 + Castel Gandolfo 1777)

75. **Terrasse de la Villa Farnèse à Rome.** Plume, lavis
de sépia et rehauts de gouache, *légendé* et *daté
8 octobre 1760.* Encadré.
Vente J. Boussac, n° 194.

H. 315 mill.; L. 540.

NICOLLE (V.-J.)
(Paris 1754 + 1826)

76. **Vue des restes du Temple de Minerva** Médica, situé
près la Porte Majeure, à Rome. Aquarelle, *signée.*
Encadrée.

H. 203 mill.; L. 310.

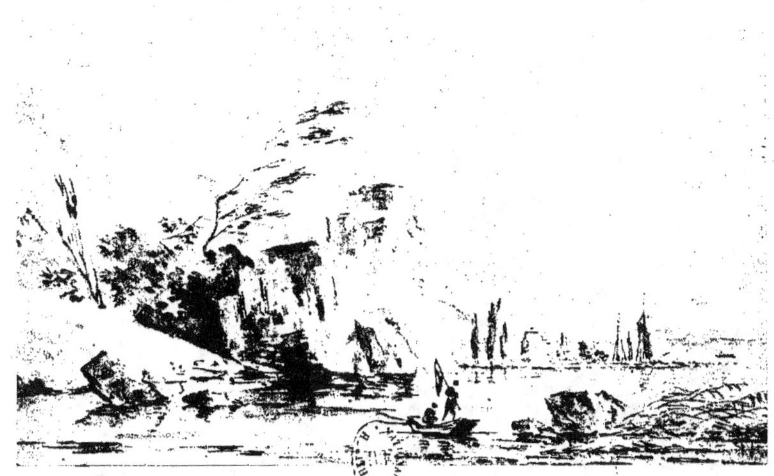

N° 74 du Catalogue.

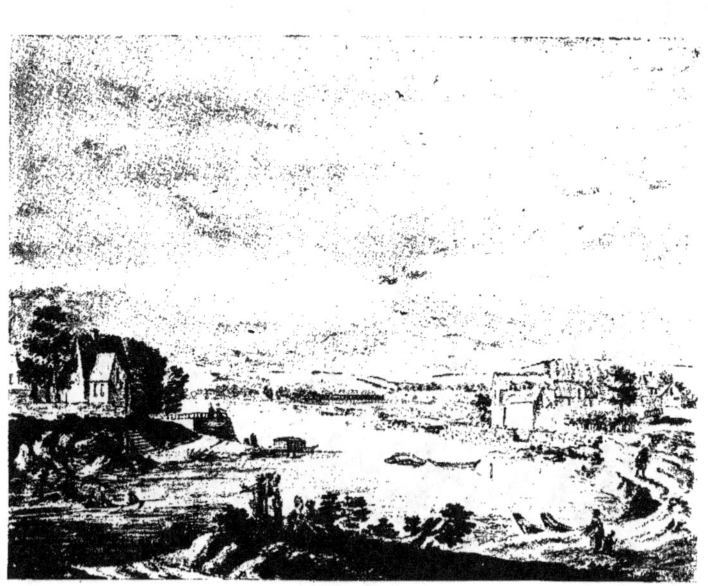

Nᵒ 69 du Catalogue.

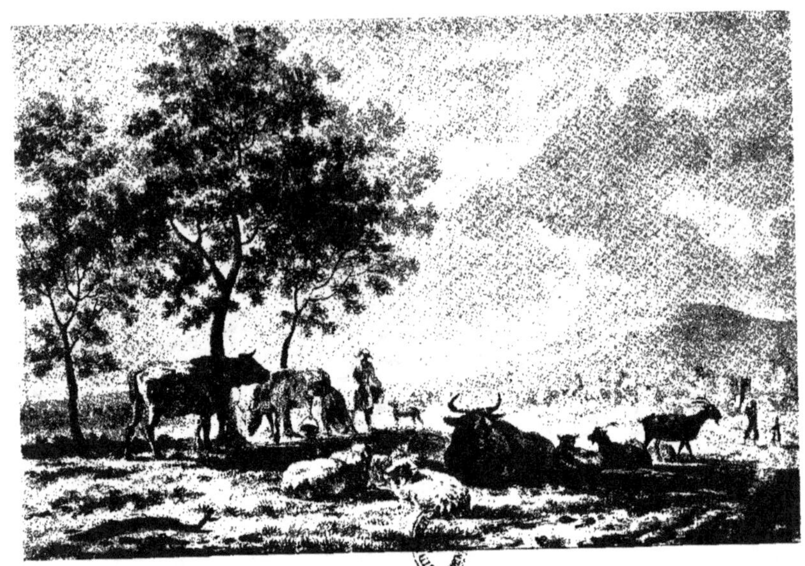

N° 77 du Catalogue.

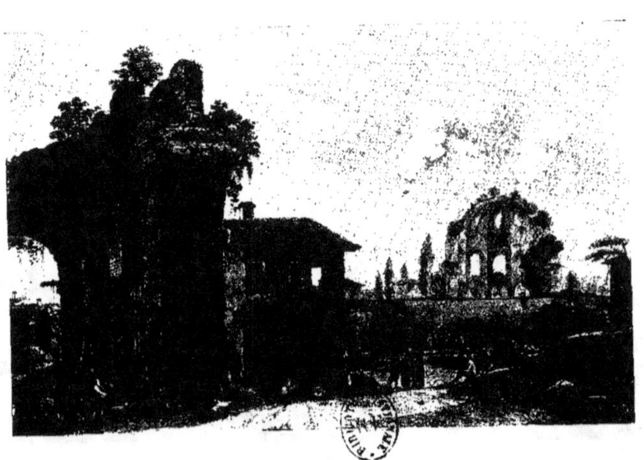

N° 76 du Catalogue.

OMMEGANCK (B.-P.)
(Anvers 1755 ✝ Anvers 1826)

77. L'Heure de la traite.
Au lavis de sépia, rehauts de gouache, *signé* Cadre
ancien en bois sculpté et doré.

H. 303 mill.; L. 440.

OZANNE (Nicolas-Marie)
(Brest 1728 ✝ Paris 1811)

78. Le Vieux Pont d'Avignon. Importante aquarelle.
Encadrée.

H. 290 mill.; L. 590.

79. Vue d'un chantier de constructions navales; trois
hommes de qualité dirigent les travaux.
Au lavis d'encre de Chine, rehauts d'aquarelle, *signé*
du monogramme. Encadré.

H. 123 mill.; L. 190.

PANINI (Jean-Paul)
(Plaisance 1691 ✝ Rome 1768)

80. Groupe de personnages dans des ruines romaines.
Aquarelle, *signée*. Encadrée.

H. 430 mill.; L. 297.

81. Vue de derrière d'un temple antique. Plume et lavis
d'encre de Chine Sous-verre.

H. 175 mill.; L. 305.

PANINI (Ecole de)

82. Intérieur d'un palais avec colonnes et escalier.
Plume et lavis d'encre de Chine. Encadré.

H. 345 mill.; L. 236.

PARIS (Dessins relatifs à)

83. Barrières de Paris. Série de 10 dessins au crayon
noir, lavis de sépia, fin du XVIII⁰ siècle. Au verso de
deux de ces dessins, deux barrières de Paris et au
verso de cinq autres, paysages d'Italie à la plume et
lavis d'encre de Chine, dans la manière de V.-J.
Nicolle.

PATEL (Pierre-Antoine)
(Paris 1654 † Paris 1708)

84. **Paysages avec ruines et personnages.** Deux gouaches sur peau de vélin, formant pendants. Encadrées.

H. 200 mill.; L. 250.

85. **Paysages avec ruines et personnages.** Deux gouaches sur peau de vélin, formant pendants, une *signée* et *datée : 1707.*

H. 190 mill.; L. 280.

PÉRIGNON l'aîné (Nicolas)
(Nancy 1725 † Paris 1782)

86. **Pont fortifié sur une rivière.** A la sanguine. Encadré.

H. 208 mill.; L. 313.

87. **Cour de ferme — Les Ruines.** Deux dessins à la sanguine, se faisant pendants, *signés.* Encadrés.

H. 165 mill.; L. 237.

PERNET (Ecole de)
(École française XVIIIe siècle)

88. **Ruines romaines.**
Aquarelle. Encadrée.

H. 312 mill,; L. 432.

PIERRE (Jean-Baptiste-Marie)
(Paris 1714 † Paris 1789)

89. **Le Gué.** Sanguine. Encadrée.

H. 180 mill.; L. 230.

PILLEMENT (Jean)
(Lyon 1727 † Lyon 1808)

90. **Le Berger et les trois vaches.** A la pierre noire, *signé* et *daté : 1770.* Encadré.

H. 165 mill.; L. 242.

PILLEMENT (attribué à Jean)

91. **Les Laveuses près du Moulin.** Pierre noire et aquarelle. Cadre ancien.

H. 182 mill.; L. 284.

— 14 —

PITTONI (Giovanni-Battista)

(Venise 1687 † Venise 1767)

92. **Composition pour un plafond;** de forme festonnée. Plume et lavis d'encre de Chine. Encadré.

H. 575 mill.; L. 410.

POYET

(Architecte xviii° siècle)

93. **Vue sur le jardin** *de la Maison que S. A. S. Mgr le Duc de Chartres a fait construire au couvent de Belle-Chasse pour y élever les deux Princesses ses filles.*

Aquarelle, *signée* et *légendée : par Poyet Architecte ancien pensionnaire du Roy 1778.* Encadrée.

Vente Victorien Sardou, 1909.

RAMBERG (Johann-Heinrich)

(Hanovre 1763 † Hanovre 1840)

94. **Bacchanale.** Plume et aquarelle, *signé* et *daté : 1796.* Encadré.

H. 150 mill.; L. 235.

ROBERT (Hubert)

(Paris 1733 † Paris 1808)

95. **La Fontaine dans le parc.** A la sanguine. Encadré.

Reproduit en hors-texte dans « Hubert Robert et son temps » par C. Gabillot, p. 152.

H. 447 mill.; L. 345.

96. **Démolition d'une abbaye.** A la pierre noire. Encadré.

H. 440 mill.; L. 525.

97. **Les Baigneurs.**
A la sanguine, rehauts de pastel Encadré.

H. 330 mill.; L. 455.

98. **La Grande Porte.** A la sanguine, *signé* et *daté.* Cadre ancien en bois sculpté et doré.

H. 515 mill.; L. 380.

96. **Intérieur de palais romain,** avec voûtes. Plume et lavis de sépia. Cadre en bordure ancienne.

H. 181 mill.; L. 295.

100. **L'Escalier de bois.** A la pierre noire, *signé* de l'initiale.

H. 265 mill.; L. 198.

ROMAIN (Jules)

(Rome 1499 † 1546)

101. **Marche d'hommes d'armes.** A la sanguine. Encadré.

H. 235 mill.; L. 300.

ROWLANDSON (Thomas)

(Londres 1756 † Londres 1827)

102. **La Supplication.** Aquarelle.

H. 160 mill.; L. 215.

SOUKEMS (Hendrik)

(Bommel 1680 † Bommel 1761)

103. **Chasse au cerf.** Au lavis d'encre de Chine, *signé* et
daté : 1709. Encadré.

H. 195 mill.; L. 312.

SPAENDONCK (attribué à G. van)

(Telbourg 1746 † Paris 1822)

104. **Vase de fleurs.** Plume et lavis d'encre de Chine.
Cadre en bois sculpté.

H. 277 mill.; L. 227.

TRINQUESSE (Louis-R.)

(Ecole française xviiiᵉ siècle)

105. **Portrait de jeune femme**, coiffée d'un grand bonnet,
en buste, tête légèrement tournée à droite. Crayon
noir et rehauts de blanc, sur papier gris. Encadré.

H. 562 müil.; L. 327.

VERNET (Atelier de Joseph)

(Avignon 1714 † Paris 1789)

106. **Le Pêcheur entreprenant.**
Fragment de papier peint, de forme ovale. Encadré.

H. 400 mill.; L. 305.

VÉRONÈSE (attribué à P. Caliari, dit)

(Vérone 1528 † Venise 1588)

107. **Présentation au temple.** Au lavis de sanguine (déchirure). Cadre époque Louis XIII, en bois sculpté,
doré et peint.

H. 267 mill.; L. 310.

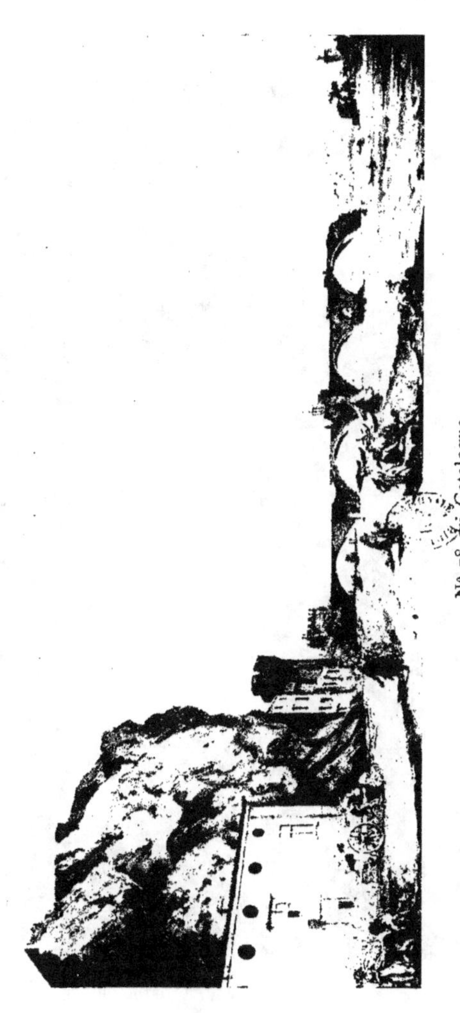

N° 78 du Catalogue.

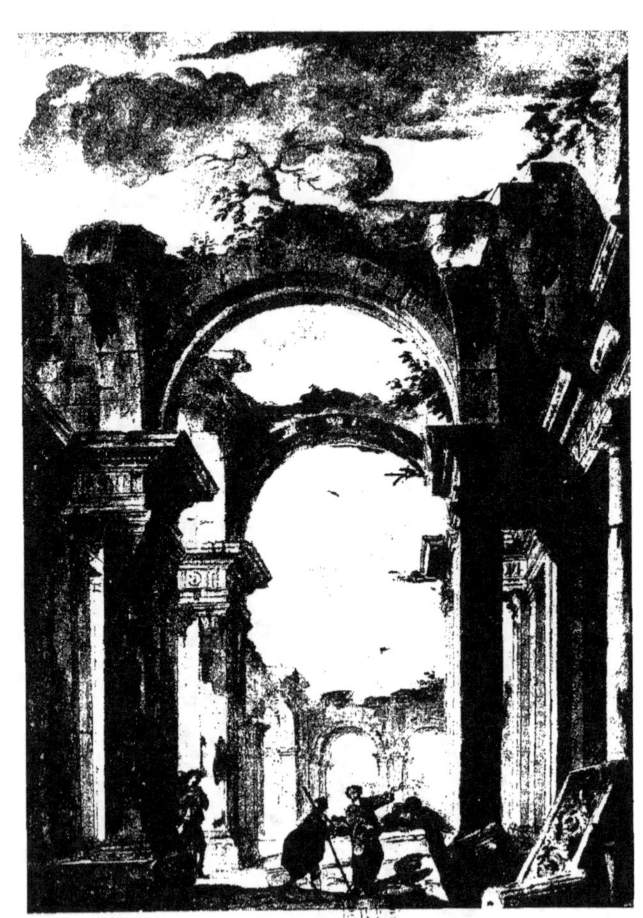

N° 8o du Catalogue.

108. **Deux têtes d'homme.** Aux crayons de couleur.
Encadré.

H. 105 mill.; L. 122.

VIGÉE-LEBRUN (Elisabeth-Louise)
(Paris 1755 † Paris 1842)

109. **Portraits présumés du Comte et de la Comtesse de Bistri.**
Deux dessins au crayon noir avec rehauts de blanc,
formant pendants. Cadres anciens en bois sculpté.

H. 430 mil.; L. 305.

Au verso de chaque encadrement, on lit : *Portrait du meillieur*
(sic) *des hommes... Portrait de la meillieur* (sic) *des femmes désiné*
(sic) *par moi Le Brun à Vienne ce 7 février 1793* (Voir Mémoires de
Mme Vigée-Lebrun p. 267 et 268).

WAGNER LE JEUNE (Johann-Georg)
(Meissen 1744 † 1766)

110. **Le Berger et les trois Chèvres.— Paysage au grand
arbre.** Deux dessins au lavis d'encre de Chine, *signés*. Sous-verres.

H. 147 et 127 mill.; L. 167 et 157.

WATTEAU DE LILLE (Louis-Joseph)
(Valenciennes 1731 † Lille 1798)

111. **La Jeune Artiste.**
Crayon noir et estompe, avec rehauts de blanc, sur
papier bleu. Ancienne collection Langlart, de Lille.
Encadré.

H. 535 mil.; L. 320,

112. **Jeune femme assise, tournée vers la gauche,** coiffée
d'un bonnet et tenant un éventail.
Crayon noir et rehauts de blanc, sur papier chamois. Ancienne collection Langlart, de Lille. Encadré.

H. 525 mill.; L. 395.

113. **Jeune femme assise,** tournée vers la gauche, le bras
droit étendu.
Crayon noir et estompe, avec rehauts de blanc.
Ancienne collection Langlart, de Lille. Encadré.

H. 535 mill.; L. 395.

114. **Jeune femme assise, de face,** la main gauche à hauteur du front.

> Crayon noir et rehauts de blanc, sur papier bleu.
> Ancienne collection Langlart, de Lille. Encadré.

> H. 575 mill.; L. 415.

115. **Jeune femme assise, de trois-quarts à gauche,** les mains croisées.

> Crayon noir et estompe, avec rehauts de blanc, sur papier gris. Ancienne collection Langlart, de Lille. Encadré.

> H. 587 mill.; L. 420.

116. **Jeunes femmes costumées et assises,** en diverses attitudes.

> Trois dessins à la mine de plomb, sous un même cadre. Recherches pour les Costumes de la « Galerie des Modes ». Ancienne collection Langlart, de Lille.

> Chaque dessin : H. 178 mil.; L. 130.

117. **Jeunes femmes costumées et assises,** en diverses attitudes.

> Deux dessins à la mine de plomb et un à la sanguine, sous un même cadre.

> Recherches pour les costumes de la « Galerie des Modes ».

> Ancienne collection Langlart, de Lille.

> Chaque dessin : H. 182 mill.; L. 130 et 140.

WATTEAU (Ecole de)

118. **Scène de la Comédie italienne.** Pierre noire et lavis d'encre de Chine. Encadré.

> H. 275 mill.; L. 223.

WILLE (Jean-Georges)

(Bieberthal 1715 † Paris 1808)

119. **Portrait de Mle Clairon,** en buste, la tête tournée à droite. Au crayon noir, rehauts de blanc et de pastel sur papier gris. Encadré.

> H. 403 mill.; L. 330

ESTAMPES DU XVIIIe SIÈCLE

ET

DU COMMENCEMENT DU XIX· SIÈCLE

ABERLI (d'après J.-L).

120. **Chute d'eau, appelée Staubbach dans la vallée Louterbrunen**, par M. Pfeninguer. Belle épreuve *coloriée*, avec marges.

ALIX (P.-M.)

121. **La Bruyère**. Très belle épreuve, *imprimée en couleurs, avant la lettre*, le nom du graveur à la pointe (traces de plis). Encadrée.

ALKEN (d'après H.)

122. **Getting away**, par G. Reeve. Très belle épreuve, *coloriée*, avec l'adresse de *Th. Mac Lean*, 1835. Encadrée.

123. **Getting away — The Death**. Deux pièces par R.-G. Reeve. Belles épreuves, *coloriées*, avec l'adresse de *Brall and Sons*. Encadrées.

ALKEN (H.) et HUNT (G.)

124. **The Cover, 1823**. Très belle épreuve, *coloriée*, à grandes marges. Encadrée.

AVED (d'après J.-A.)

125. **Mlle Loiserolle**, par Baléchou. Superbe épreuve, à grandes marges.

BOILLY (d'après L.)

126. **L'Optique**, réduction. Très belle épreuve, *imprimée en couleurs* (marge du bas épidermée). Rare.

127. **Hony soit qui mal y pense**, par Bonnefoy, 1792. Belle épreuve, à grandes marges. Cadre ancien en bois sculpté et doré.

BOIZOT (d'après)

128. **Offrande à l'Amour**, par Papavoine. Très belle
épreuve, *imprimée en couleurs* (doublée, légère
mouillure en bas).

BONNET (Louis-Marin)

129. **Tête de jeune femme, la main droite à la joue.**
d'après Ch. Eisen, 1767. Superbe épreuve tirée sur
papier bleu, *avec planche de blanc*, marges.

130. **Bustes de jeunes femmes**, en ovales, d'après Le
Clerc (229-230). Deux pièces formant pendants.
Magnifiques épreuves, *imprimées en couleurs* avec
bonnes marges.

BOREL (d'après Antoine)

131. **J'y passerai**, par R. De Launay. Très belle épreuve
à toutes marges.

BRION (d'après)

132. **Le Galant Jardinier — La Jardinière coquette.**
Deux pièces formant pendants, par Duthé. Très
belles épreuves, *imprimées en couleurs* et rehaussées, avec marges (légères mouillures dans les marges
du bas). Encadrées.

BUNBURY (d'après H.-W.)

133. **Lord Thomas and Fair Annett**, par F. Bartolozzi.
Belle épreuve, *imprimée en couleurs* (épidermures).
Encadrée.

134. **My Father, urg'd me sair**, par F. Bartolozzi. Belle
épreuve, *imprimée en couleurs* et rehaussée (filets
de marge). Encadrée.

135. **A Hail Storm** (chez J.-R. Smith 1782). Belle épreuve,
imprimée en bistre. Encadrée.

CANALETTO (d'après Antonio)

136. **Urbis Venetiarum Prospectus** celebriores ex Anto-
nii Canal Tabulis XXXVIII aere expressi ab Antonio
Visentini in partes tres distributi — *Venetiis*. *J.-B.
Pasquali, 1754* — 3 parties en 1 vol. in-fol. obl.,
titre-front., 2 portraits, 3 titres et 38 planches. Très
belles épreuves.

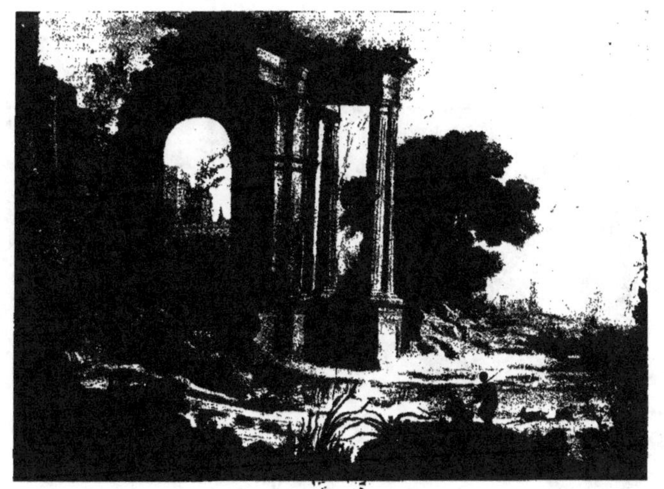

N° 84 du Catalogue.

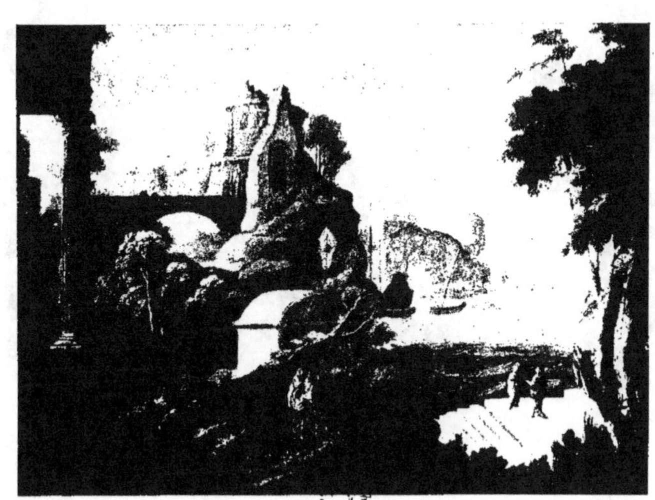

N° 84 du Catalogue.

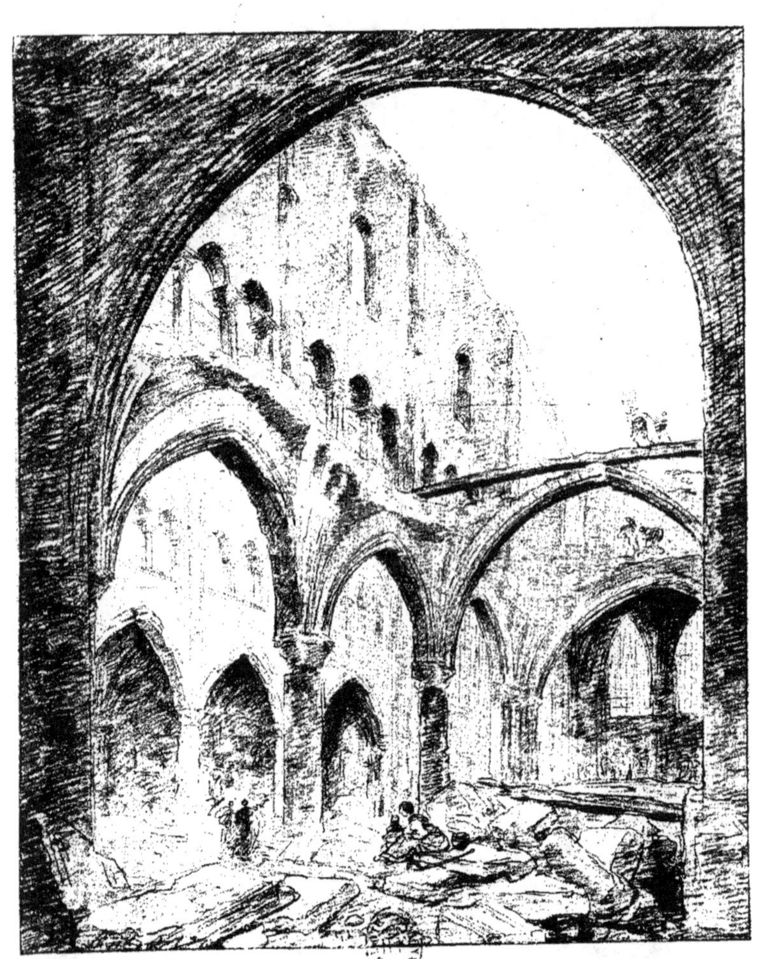

Nᵒ 96 du Catalogue.

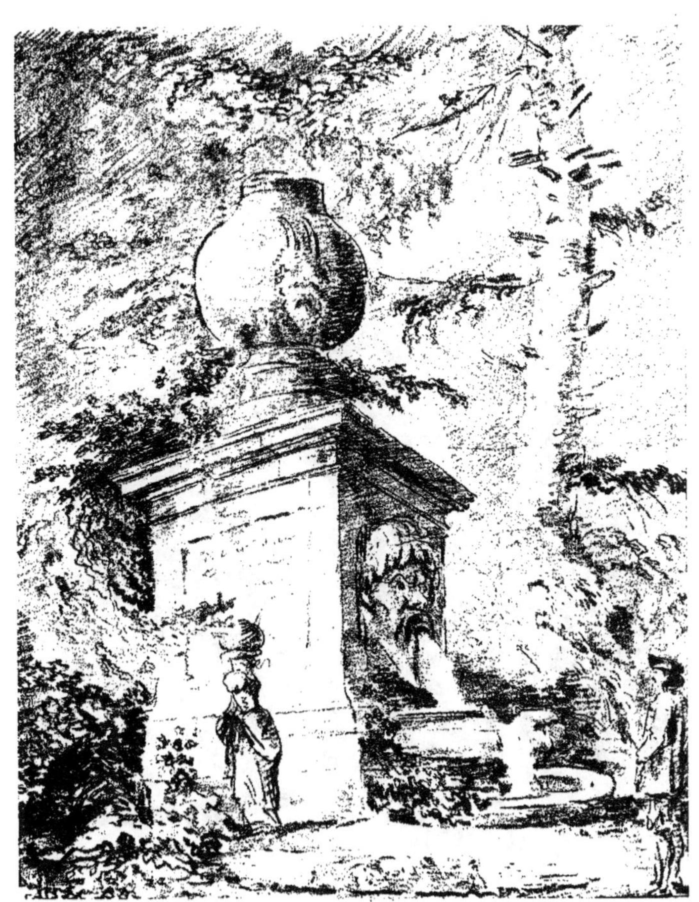

Nº 95 du Catalogue.

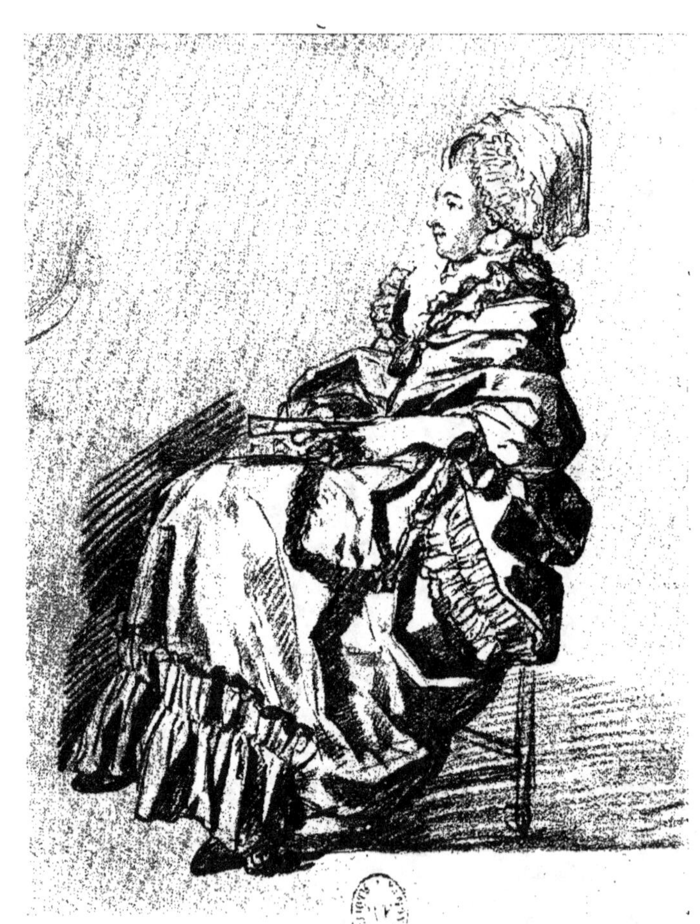

Nᵒ 112 du Catalogue.

CHALON (d'après H.-B.)

137. **The Ale-House Door**, par Ch. Turner, 1802. Superbe
épreuve *à la lettre grise, imprimée en couleurs* et
rehaussée, à grandes marges. Encadrée.

CHARDIN (d'après J.-B.-S.)

138. **Les Amusements de la vie privée**, par L. Surugue
(E. Bocher 1). Belle épreuve.

139. **Le Garçon Cabaretier**, par C.-N. Cochin (22). Très
belle épreuve du 2ᵉ état (sur 3), à grandes marges.

140. **La Gouvernante**, par Lépicié (24). Très belle épreuve,
avec marges.

141. **Le Négligé ou Toilette du Matin**, par Le Bas, 1741
(38). Très belle épreuve ; marges du cuivre (petite
restauration à un coin).

COCHIN FILS (C.-N.)

142. **Vue perspective de la Décoration élevée sur la
terrasse du Château de Versailles...** à l'occasion du
Mariage de Madame Louise-Elisabeth de France...
— Id., id., à l'occasion de la Naissance de Monsei-
gneur le Duc de Bourgogne. Deux pièces formant
pendants, d'après de Bonneval et Slodtz. Bonnes
épreuves (épidermures en marges). Encadrées.

CŒURÉ (d'après)

143. **Le Message à la dérobée — La Réponse au Message.** Deux pièces formant pendants par Prot et
Forget. Belles épreuves, *coloriées*.

144. **Le Départ de la Pension — Le Retour de la Pension — Ah! le voilà — Il est sauvé**, 4 pièces par
Charon et Koenig. Belles épreuves, *coloriées* (1 res-
taurée).

145. **Les Prémices de l'hymen — Le Docteur embar-
rassé — Les Plaisirs de l'hymen — La Correspon-
dance découverte.** Suite de 4 pièces par Prot,
Castel et Forget. Belles épreuves, *coloriées*.

COSTUMES

146. **Tableaux de l'Habillement**, des Mœurs et des Coutumes dans la République batave au commencement du XIX° siècle — *Che₹ E. Maaskamp à Amsterdam, s. d.* (1823) — 1 vol. in-4 cart. Texte français et hollandais, frontispice et 24 planches par Portman, en très belles épreuves *coloriées*.

147. **Costumes Suisses**, 29 lithographies anonymes. Belles épreuves, *coloriées* en 1 alb. pet. in-4 cart. (quelques-unes sont déchirées, 1 courte de marges).

DEBUCOURT (L.-Ph.)

148. **Le Menuet de la Mariée** (M. Fenaille 8). Belle épreuve, *imprimée en couleurs* (légèrement rognée, doublée).

149. **Mgr le Duc d'Orléans, 1789** (20). Très belle épreuve, *imprimée en couleurs* ; filets de marges. Collection H. Béraldi.

150. **Collection de Costumes dessinés d'après nature par C. Vernet :** Officiers anglais et écossais (341) — Officiers prussiens (342) — Tambours russe et anglais (343) — Militaires de la Garde Impériale russe et allemande (344) — Militaires écossais (345) — Artilleur et Chasseur anglais (362) — Houssard anglais (367) — Houssard autrichien (373) — Uhlan prussien (374), soit 9 pièces. Très belles épreuves, *coloriées* (2 à toutes marges).

DE GOUY (A.-M.)

151. **La Mère intéressante**, d'après Cosway. Très belle épreuve, *imprimée en couleurs.*

DEMARTEAU (G.)

152. **Jeune fille penchée de trois quarts à droite**, d'après Fr. Boucher (Leymarie 7). Très belle épreuve, *imprimée en sanguine,* à grandes marges.

153. **Deux jeunes filles en buste**, d'après F. Boucher (14). Très belle épreuve, *imprimée en sanguine*, à toutes marges.

154. **Jeune femme en buste, les yeux baissés**, d'après F. Boucher (25) Superbe épreuve, *imprimée en sanguine*, à toutes marges.

155. **Le Sommeil,** d'après F. Boucher (82). Très belle épreuve, *imprimée en sanguine,* à grandes marges.

156. **Tête de jeune femme,** d'après F. Boucher (113). Très belle épreuve, *imprimée en sanguine,* à toutes marges.

157. **Tête de jeune femme,** d'après F. Boucher (116). Très belle épreuve, *imprimée en sanguine,* à toutes marges.

158. **La Dormeuse surprise,** d'après Fr. Boucher (137), Superbe épreuve, *imprimée en sanguine,* à toutes marges, non ébarbées.

159. **Deux Amours, avec draperies et roses,** d'après F. Boucher (153). Très belle épreuve, *imprimée en deux tons,* sans marges, mais avec les filets.

160. **Tête de jeune fille, de profil à droite,** d'après F. Boucher (159). Très belle épreuve, *imprimée en sanguine,* à toutes marges.

161. **Le Chat maillotté,** d'après Boucher (198). Très belle épreuve, *imprimée en sanguine* (filets de maiges). Rare.

162. **Jeune fille de profil à droite,** petit chapeau posé en avant..., d'après Fredou (421). Très belle épreuve, *imprimée en deux tons* (sans marge). Cadre ancien en bois sculpté et doré.

163. **Buste de jeune femme, de profil à gauche,** turban et aigrette sur la tête, d'après Le Prince ? Très belle épreuve, *imprimée en deux tons* (légèrement rognée, petit trou en haut à droite).

DESRAIS (d'après C.-L.)

164. **Coiffures,** 6 pièces de chacune 2 sujets, par Dupin. Belles épreuves, *coloriées.*

DREVET (Pierre)

165. **Hélène Lambert,** d'après Largillière. Belle épreuve (remmargée, piqûres). Cadre ancien.

DUBOURG (M.)

166. **Review of the British Troops at Montmartre,** near Paris, by the Duke of Wellington, 21st October 1815, d'après G. Scharf. Très belle épreuve, *coloriée ;* marges du cuivre.

DUGOURE (d'après J.-D.)

167. **Le Lever de la Mariée,** par Ph. Trière (pendant du Coucher de la Mariée, de Baudouin). Très belle épreuve, *avant la lettre*, à grandes marges (très légères traces de plis au verso).

ÉCOLE FRANÇAISE 1830

168. **Sujets gracieux,** 5 pièces de forme ronde ou ovale (sans marges, 4 *imprimées en deux tons*). Cadres noirs anciens à entourages en cuivre guilloché et doré.

FRAGONARD (d'après H.)

169. **Le Serment d'Amour,** par J. Mathieu. Belle épreuve du 1ᵉʳ tirage, avec marges. Encadrée.

170. **La Bonne Mère,** par N. De Launay. Belle épreuve du 1ᵉʳ tirage (mouillure, petites cassures en marges, deux petits trous de vers).

171. **Le Serment d'Amour — La Bonne Mère.** Deux pièces formant pendants, par J. Mathieu et N. De Launay. Belles épreuves du 1ᵉʳ tirage (la 1ʳᵉ un peu jaunie). Encadrées.

172. **Le Baiser à la dérobée,** par N.-F. Regnault. Belle épreuve (coloris postérieur). Encadré.

173. **L'Heureuse Fécondité,** par N. de Launay. Très belle épreuve (déchirure dans la marge du haut).

FREUDEBERG (d'après S.)

174. **La Promenade du Soir,** par Ingouf, 1774. Très belle épreuve, *avant* le numéro; marges du cuivre.

175. **La Promenade du Matin,** par Lingée. Bonne épreuve (trace de pli); petites marges.

GRAVELOT (d'après H.)

176. **L'Ecole des garçons — Le Caffé — La Tragédie — La Laiterie — Marche militaire,** 5 petites pièces par Bacheley. Très belles épreuves, à grandes marges (1 doublée).

GRAVURE (Livres sur la)

177. BAUDICOUR (P. DE) — **Le Peintre-graveur continué,** ou catalogue raisonné des estampes gravées par les peintres et les dessinateurs de l'école française nés dans le XVIIIᵉ siècle. *Paris, Bouchard-Huzard, 1859-1861.* 2 vol. in-8, dem. mar., coins, dos à n., t. dorées (*Pagnant*).

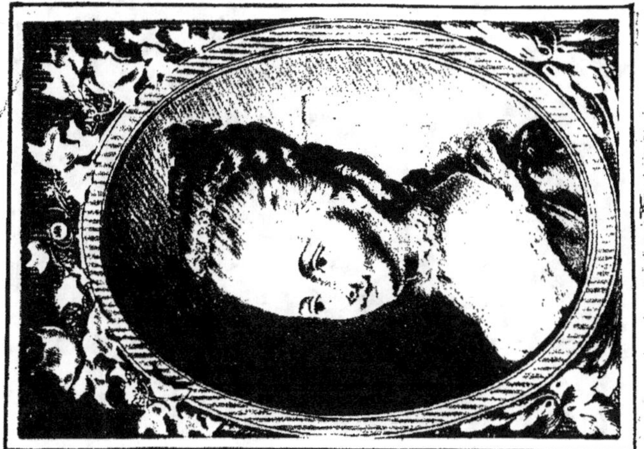

Nº 130 du Catalogue.

Nº 130 du Catalogue.

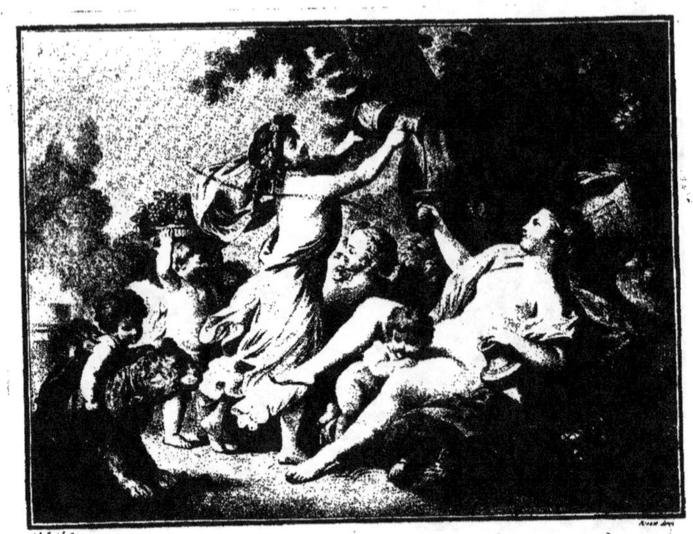

(L'AMOUR OFFRANT DES PRESENTS A ARIANNE.)

N° 187 du Catalogue.

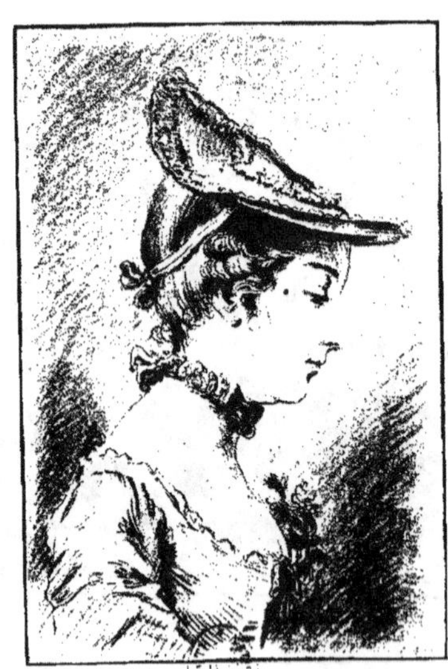

N° 162 du Catalogue.

178. BOCHER (EMM.). — **Les Gravures Françaises du XVIII° siècle**, ou Catalogue raisonné des estampes, vignettes, eaux-fortes, pièces en couleurs, au bistre et au lavis de 1700 à 1800. *Paris, Morgand et Fatout 1875-1883.* 6 fascicules in-4 brochés.
Ces 6 fascicules forment les catalogues raisonnés des estampes de N. Lavreince, P.-A. Baudouin, J.-B.-S. Chardin, N. Lancret, Aug. de St-Aubin et J.-M. Moreau-le-Jeune (le 1" plat de la couverture du 1" fascicule manque).

179. DACIER (Emile). — **L'Œuvre gravé de** Gabriel de Saint-Aubin — *Paris, Société pour l'Etude de la Gravure française, 1914* — 1 vol. in-4 broché.

180. DELABORDE (H.). — **Marc-Antoine Raimondi** — *Paris Librairie de l'Art, 1888* — 1 vol. in-4 cart — DELIGNIÈRES (E.). — Les Macret, graveurs abbevillois (Tome VI des Mémoires de la Société d'émulation d'Abbeville) — *Abbeville, Lafosse, 1914* — 1 vol. pet. in-4 br.. ensemble 2 vol.

181. MAHÉRAULT (J.-F.). — **L'Œuvre de Moreau le jeune**, — *Paris, Labitte 1880* — 1 vol. in-8 cart. — Cent dessins de Watteau gravés par Boucher, préface de P. Mantz — *Paris, Librairie illustrée, 1892* — 1 vol. pet. in-4 br. (dos refait) ; ensemble 2 vol.

GUYOT (Laurent)

182. **Vue de la Salle de Jeu** d'Ermenonville, d'après Hubert Robert. Très belle épreuve, *imprimée en couleurs*, avec marges.

183. **Vue de la Chapelle de l'Hermitage — Vue d'un jardin anglais** près Versailles. Deux pièces d'après Pernet et Sergent Superbes épreuves, *imprimées en couleurs.*

184. **Paul et Virginie.** Trois petits médaillons d'après Dutailly, sur deux feuilles. Très belles épreuves, *imprimées en couleurs.* On a joint : Allégorie relative à Chaslier, imprimée en couleurs, soit 3 pièces.

185. **Paul et Virginie — Le Papayer de Virginie — Le Sommet du Pouce**, 2 planches à deux sujets d'après Dutailly. Superbes épreuves, *imprimées en couleurs*; on a joint un double du sommet du Pouce, soit 5 sujets en 3 feuilles.

HENDERSON (Charles-Cooper)

186. **Leeds Royal Mail.** Belle épreuve, *coloriée* (sans marges, épidermures). Encadrée.

HUET (d'après J.-B.)

187. **L'Amour offrant des présents à Arianne**, par Bonnet. Très belle épreuve, *imprimée en couleurs*; marges du cuivre. Encadrée.

188. **Buste de femme**, par L.-M. Bonnet (691). Très belle épreuve, *imprimée en couleurs*.

189. **La Troupe ambulante des rues de Paris**, par Bonnet. Bonne épreuve, *imprimée en couleurs* et rehausssés (petite restauration).

190. **La Feinte Résistance — Le Serpent sous les fleurs** — Deux pièces par Patas et Godefroy, la seconde très belle (petite restauration en marge). Encadrées.

HUNT (Charles)

191. **Prix du Jockey Club**, 7000 francs, Chantilly, Mai 1841 : Preparing to start — The yare off. Deux pièces formant pendants, d'après G.-B. Campion et J.-F. Herring, Belles épreuves, *imprimées en deux tons, coloriées* et vernies avec marges (petites restaurations). Encadrées.

ISABEY (d'après J.-B.)

192 **Madame Dugazon**, par Monsaldy. Très belle épreuve *imprimée en couleurs*. Encadrée.

193. **Napoléon Bonaparte**, 1ᵉʳ Consul, à la Malmaison (en pied dans le parc), gravé par C.-L. Lingée et terminé par G. Godefroy. Très belle épreuve, *avant la lettre*, à grandes marges (légères piqûres).

JANINET (J.-Fr.)

194. **Iᵉ et IIᵉ Ruines Romaines**, d'après Pernet. Très belles épreuves, *imprimées en couleurs* (marges de 15 millimètres environ, coupées en ovale autour des sujets). Encadrées.

195. **Repas des Moissonneurs**, d'après P.-A. Wille fils. Belle épreuve, *imprimée en deux tons* (légères mouillures dans la marge inférieure).

196. **Henry IV**, d'après Rubens. Belle épreuve, *imprimée en couleurs*. Cadre ancien en bois sculpté et doré.

JANSCHA (d'après L.)

197. **Vue de la Gloriette**, ou jardin de Schoenbrunn, par J. Ziegler. Très belle épreuve, *coloriée*, avec marges.

198. **Vue des environs de Kloster-Neuburg** et de la sucrerie y établie, par J. Ziegler. Belle épreuve, *coloriée*, avec marges.

KAUFFMAN (d'après Angelica)

199. **Cupid and Aglaia**, petite pièce de forme ronde, par
De Gouy? Très belle épreuve, *imprimée en couleurs*
(petit filet de marges). Encadré.

KEPFER (d'après)

200. **Les Chasseurs au rendez-vous — Le Chasseur au
repos**. Deux pièces formant pendants, par Moreau.
Belles épreuves, de second tirage, *coloriées* (dou-
blées).

LANCRET (d'après N.)

201. **Le Matin — Le Midi — L'Après-Dinée — La Soi-
rée** (E. Bocher 49,50 10 et 74). Suite de 4 pièces par
N. De Larmessin. Très belles épreuves, *avec* la
1ʳᵉ adresse (la 2ᵉ remmargée).

LAVREINCE (d'après Nicolas)

202. **Le Concert agréable**, par C.-N. Varin (E. Bocher 13).
Très belle épreuve, *avant la lettre*, avec seulement
les noms du peintre et du graveur *à la pointe* et
l'indication : *prem. épr.* au bas du trait carré à gauche, à très grandes marges. Rare.

LAWRENCE (d'après Th.)

203. **Miss Farren**, par Fr. Bartolozzi. Très belle épreuve,
imprimée en bistre, avec la date *1792*, les noms des
artistes et la ligne de publication *au pointillé*; marges de 8 à 9 mill (très légère restauration).

LOUIS XVI ET MARIE-ANTOINETTE

204. **Louis XVI et Marie-Antoinette — Louis XVI,
Marie-Antoinette et le Dauphin**. Deux petites pièces
de forme ronde. Très belles épreuves, *imprimées en
couleurs* (une remmargée).

MALLET (d'après J.-B.)

205. **Le Premier Baiser** de l'Amour, par Copia. Belle
épreuve, *imprimée en couleurs*, à grandes marges
(doublée).

206. **La même estampe**. Belle épreuve, *à la lettre grise*,
coloriée (doublée).

MASSAT

207. **Mlle Desbrosses**, actrice de la Comédie italienne.
Belle épreuve, *imprimée en couleurs*. Rare.

MILLER (d'après)

208. **Innocent Recreation**, par Bonnefoy. Très belle épreuve, *imprimée en couleurs*, avec marges. Encadrée.

MONTPEZAT (d'après)

209. **Le Bien-Aller**, par Régnier, Bettannier et Morlon. Très belle épreuve, *coloriée*. Encadrée.

MORLAND (d'après G.)

210. **The Fruits of early Industry and Oeconomy — The Effects of Extravagance** and Idleness. Deux pièces formant pendants. par Darcis Très belles épreuves, *imprimées en couleurs*, et rehaussées Encadrées.

211. **Boys robbing an Orchard — The Angry Farmer.** Deux pièces se faisant pendants par Levilly et Bartolotti. Très belles épreuves, *imprimées en couleurs* (marges restaurées).

NATTIER (d'après J.-M.)

212. **Flore à son lever**, (Mme du Bocage), par Malœuvre. Belle épreuve (piqûres). Cadre ancien en bois sculpté et doré.

PARIS

213. **Vue du Jardin du Palais-Royal**, de ses batiments et Gallery, gravure ovale anonyme à l'eau forte et à l'aquatinte. Belle épreuve, *coloriée* (traces de lignes au canif pour mise en rectangle).

PAUL (John Dean)

214. **Leicestershire : A Struggle fort the Start — The First ten Minutes — Symphtoms of a Skurry in a pewy Country** — The Death. Suite de 4 pièces. Belles épreuves, *coloriées* (2ᵉ tirage). Encadrées.

POLLARD (d'après James)

215. **Fly - Fishing for Trout** — Live-bait fishing for jack. Deux pièces formant pendants, par R.-G. Reeve Très belles épreuves, *coloriées*, à grandes marges. Encadrées.

POSTL

216. **Le vieux château de Birgstein** au cercle de Leutmerizt en Bohême. Belle épreuve, *coloriée*, avec grandes marges (trace de pli).

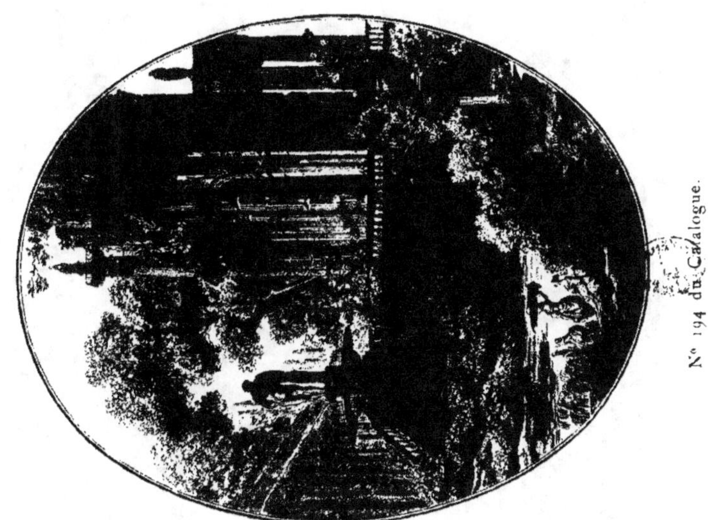

N° 194 du Catalogue.

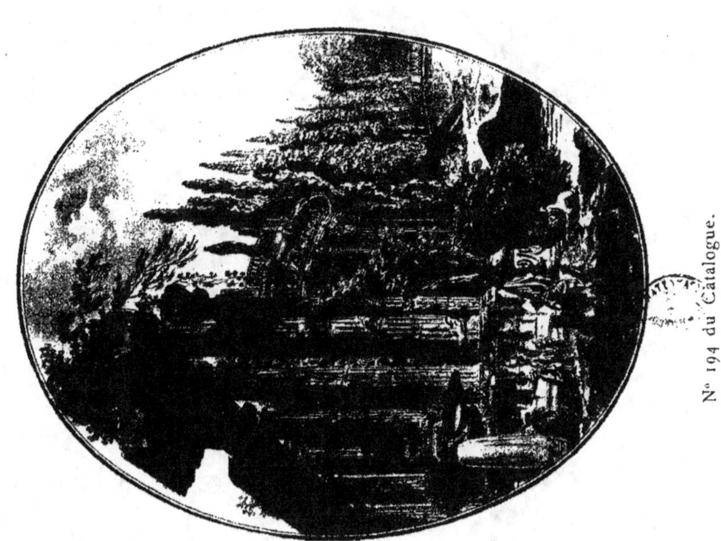

N° 194 du Catalogue.

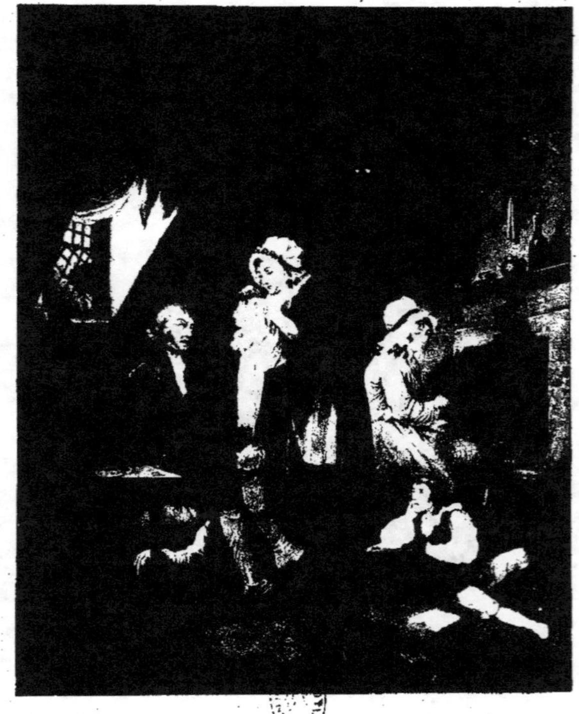

N° 210 du Catalogue.

N° 210 du Catalogue.

REYNOLDS. (d'après Sir J.)

217. **Engravings from the Pictures and Sketches**
painted by Sir Joshua Reynolds, by Samuel Wil-
liam Reynolds — 4 vol. in-f. dem. - rel., dos à nerfs,
têtes dorées, coins.

Réunion de 358 pièces, la plupart *avant* la ligne
de publication ou *avec* l'adresse de Bayswatter, en
très belles épreuves (mouillures ou piqûres à quelques-unes, 2 déchirées).

REYNOLDS (S.-W.)

218. **La Visite des Pauvres Parens** (*sic*) d'après Stepha-
noff. Très belle épreuve, *imprimée en couleurs* et
rehaussée, avec marges. Cadre époque Louis XVI en
bois sculpté et doré.

RUNK (d'après)

219. **Le Château de Rosek sur la rivière de Drau — Le
Pont sur la rivière de Mur** à Judenburg. Deux pièces, par J. Ziegler. Très belles épreuves, *coloriées*
avec marges.

SAINT-AUBIN (d'après Aug. de)

220. **L'Heureux Ménage — L'Heureuse Mère** (E. Bocher
412-413). Deux pièces formant pendants (d'une suite
de quatre), par Sergent et Gautier. Belles épreuves,
avant toute lettre, imprimées en couleurs, avec
marges. Rares.

SAINT-AUBIN (par et d'après A. de)

221. **Décrotteur** (392) — **Commissionnaire** (393) — **Décrotteur** (394), 3 pièces par Tilliard — **Les différents
jeux des petits Polissons de Paris : le Sabot** (396),
soit 4 pièces. Très belles épreuves.

222. **Au moins soyez discret — Comptez sur mes ser-
mens.** Deux pièces formant pendants (tirages postérieurs). Encadrées.

SCHALL (d'après F.)

223. **Finissez**, par G. Marchand. Très belle épreuve, à
toutes marges.

SERGENT (A.-F.)

224. **Necker**, d'après Duplessis. Très belle épreuve,
imprimée en couleurs, avant toute inscription au
bas de la tablette. Très rare.

SMITH (J.-R.)

225. **The Merry Story ?** Belle épreuve (filets de marges, petite cassure et petits trous aux coins supérieurs).

SUISSE

226. **Voyage pittoresque au lac des Waldstettes ou des IV Cantons** — *Zurich. Orell, Fussli et Cie, 1817* — 1 alb. in-fol., cart, de publ. Texte et 10 planches d'après J. Wetzel, gravées par F. Hégi en très belles épreuves *coloriées* (quelques piqûres au texte). PREMIER TIRAGE.

TAUNAY (d'après N.)

227. **La Noce de village — La Foire de village — La Rixe — Le Tambourin.** Suite de 4 pièces par C.-M. Descourtis. Belles épreuves, *imprimées en couleurs* (la première est avéc les armes, remmargée sur 3 côtés ; petites restaurations aux trois autres, dans le ciel et dans les marges inférieures ; filets de marges sur 3 côtés).

TURNER (d'après C.)

228. **The Woodman's Repast,** par G. Frailing. Très belle épreuve, *imprimée en couleurs* et rehaussée (deux déchirures restaurées). Encadrée.

TURNER (d'après F.-C.)

229. **Moving Accidents by Flood and Field** ; Pl. 1 : Tis the Pace that kills — Pl. 2 : A Case of Pounds, soit 2 pièces par N. Fielding. Très belles épreuves, *imprimées en deux tons* et *coloriées.* Encadrées.

VARIN (C.-N.)

230. **Est-il endormi?** Belle épreuve, *avant la dédicace.*

VERNET (d'après Joseph)

231. **Le Naufrage — La Tempête.** Deux pièces formant pendants par W. Dickinson. Très belles épreuves, *imprimées en couleurs* (petite restauration dans le ciel à la seconde). TRÈS RARES.

VIGÉE-LEBRUN (d'après Mme)

232. **Mme Vigée-Lebrun, d'après elle-même,** par J.-G. Muller. Superbe épreuve, *avant la lettre.*

VUES

233. **Atlas de Chiquet** (à Paris chez Chereau), incomplet
de 2 pages, à la suite duquel il a été relié 157 vues
de Paris, Versailles, Meudon, Sceaux, Marly, pro-
vince et étranger (publiées chez Crépy et Chéreau)
en belles épreuves *coloriées* (déchirures à quelques
planches) — 1 vol. in-4 obl. (*rel. ancienne* usagée).

WATTEAU (d'après Antoine)

234. **Femme assise de face**, le bras gauche sur un tertre,
par Boucher (Figures de différents caractères, n° 68).
Superbe épréuve du 1ʳ tirage, à toutes marges.

ESTAMPES

AQUARELLES - DESSINS
SUR LE SPORT HIPPIQUE ET LA CHASSE
provenant de la Collection de M. A. DU BOS,
Ancien Vice-Président de la Société des Steeple-Chases

ALKEN (Les)

235. **The Leicestershire Covers : The Meeting Kirby Gate**, par Sutherland. Epreuve *coloriée* et vernie, (sans marges), (d'une suite de quatre pièces).

236. **Newmarket : Training — Ipswich : Weighing — Ascot Heath : Preparing to Start — Epsom : Running**. Suite de 4 pièces, par Sutherland. Belles épreuves, *coloriées* et vernies (sans marges).

237. **Going out — Breaking Cover, 1817** (chez Fuller). Deux pièces *coloriées* et vernies (sans marges).

238. **Saddled or advice to the Jockey — Preparing to Start, 1817** (chez Fuller). Deux pièces *coloriées* et vernies (sans marges).

239. **The Metting — Getting away — Full Cry — The Death**. Suite de 4 pièces, par T. Fielding (chez J. Watson 1827). Belles épreuves, *coloriées* et vernies (sans marges).

240. **Hunting Recollections**, 2 pièces, d'une suite de 6 (chez Ackermann, 1829). Belles épreuves, *coloriées*.

241. **London Royal Mail — A Stage Coach — A Four in Hand — A Stage Coach**. Suite de 4 pièces par G. Reeve. Belles épreuves, *coloriées* et vernies (sans marges).

242. **Fox-Hunting**. Suite de 4 pièces par R.-G. Reeve. Bonnes épreuves, *coloriées* et vernies (sans marges, jaunies, petites taches).

243. **The Right Sport — The Wrong Sport**. Deux pièces par E. Duncan, *coloriées* et vernies (sans marges, déchirure).

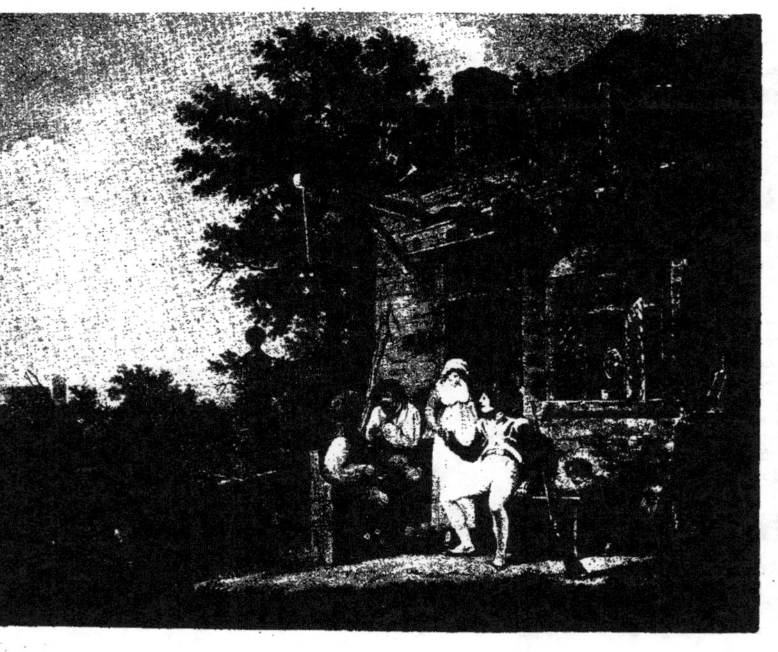

Nᵒ 137 du Catalogue.

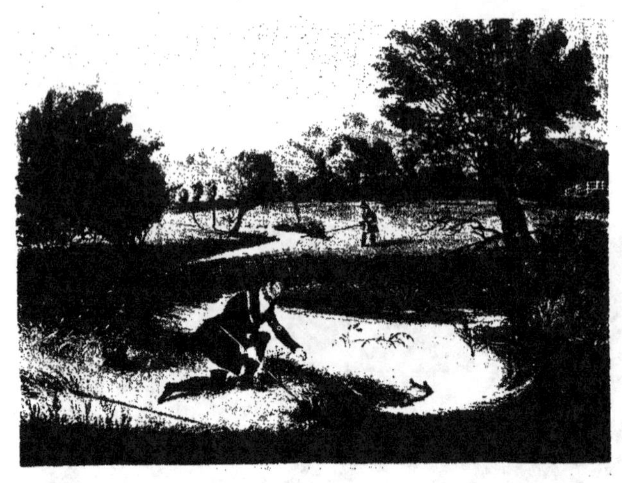

Nº 215 du Catalogue.

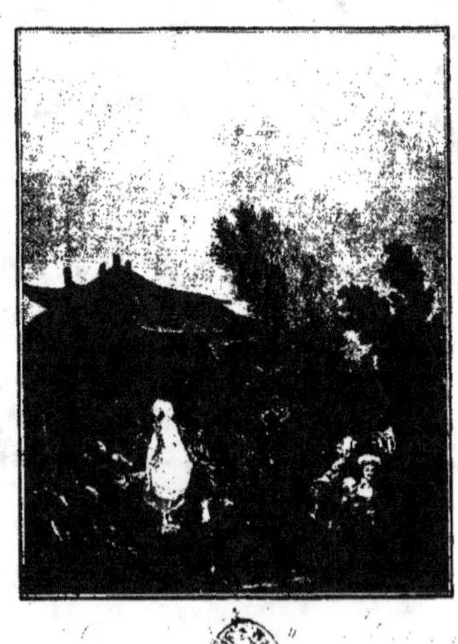

Nº 227 du Catalogue.

244. **Trout Fishing — Flacker Shooting,** 2 pièces par J. Harris. Très belles épreuves, *coloriées*, avec marges.

245. **R. Ackermann's Shooting Scraps, 1850.** Suite de 4 pièces par J. Harris. Belles épreuves, *coloriées.*

246. **Tattenham Corner — The Winning Post** (Gladiateur gagnant le Derby). Deux pièces formant pendants, par W. Summers, 1871. Belles épreuves, *imprimées en deux tons, coloriées* et *vernies* (sans marges).

247. **The Start — The Finish** (Cremorne gagnant le Derby, 1872). Deux pièces formant pendants. Très belles épreuves, *imprimées en deux tons* et *coloriées* (sans marges).

248. **Steeple-Chase Scenes** Série de 6 pièces in-8 *coloriées* et vernies (sans marges).

;BROWNE, dit PHIZ (H.-K.)

249. **How Pippins enjoyed a day with the fox-hounds** (Mésaventures de M. Pippins). Suite de 12 chromolithographies (sans marges).

250. **Fores's Series, 1863.** Suite de 12 chromolithographies. Belles épreuves, *avec* le mot : *Proof.*

EGERTON (d'après M.)

251. **Weighing and Rubbing Down — Preparing to Start — At Speed — Winning.** Suite de 4 pièces par G. Hunt. Belles épreuves, *coloriées* et vernies (sans marges, petites taches).

HENDERSON (Charles-Cooper)

252. **English Post-Boys — French Postilions** (chez Ackermann 1834). Deux pièces formant pendants. Epreuves *coloriées* et vernies (sans marges).

253. **Fore's Road Scenes : Going to a Fair.** Deux pièces formant pendants (d'une suite de 4), par J. Harris. Bonnes épreuves, *coloriées* et vernies (sans marges).

254. **Fores's Coaching Incidents.** Série de 12 frises par J. Harris, imprimées deux à deux et encadrées quatre par quatre. Bonnes épreuves, *coloriées* et vernies (sans marges).

255. **Road Scrapings.** Série de 12 pièces. Belles épreuves, *coloriées.*

HERRING (d'après J.-F.)

256. **Post Horses**, planche 2, par C. Hunt, 1846. Belle épreuve, *coloriée* (sans marges).

257. **Cadland, gagnant du Derby**, par R.-G. Reeve, 1828. Trés belle épreuve, *coloriée*, avec marges.

258. **Charles XIIth and Euclid :** The Decisive Heath for the Great St Léger Stakes at Doncaster, 1839, par C. Hunt, 1840. Très belle épreuve, *coloriée*.

259. **The Race for the Emperor's Cup**... **at Ascot**, June 12th 1845, par J. Harris. (Fores's Racing Scenes, pl. 1). Belle épreuve, *imprimée en deux tons* et *coloriée* (sans marges).

260. **The Flying Dutchman and Voltigeur**, running the Great Match at York on the 13th of May 1851 for 1000 Sovereigns a side, par J. Harris. Très belle épreuve, *imprimée en deux tons, coloriée* et vernie (sans marges).

261. **Return from the Derby, Clapham Common**, par J. Harris (chez H. Graves, 1862). Belle épreuve, *coloriée* (sans marges).

262. **Great Match for 1.000 Guineas between** Galopin and Lowlandler, October 13th 1870. Belle épreuve, *imprimée en deux tons, coloriée* et vernie (sans marges).

263. **Fox Hunting.** Suite de 4 pièces par J. Harris. Belles épreuves, *coloriées* et vernies (sans marges).

264. **Coaching Incidents — Racing Incidents — Steeple Chase Incidents — Hunting Incidents**, 4 pièces comportant 5 sujets chacune. Belles épreuves, *coloriées* et vernies (sans marges).

HODGES (d'après W.-P.)

265. **Hare Hunting : Soho — War Turnips.** Deux pièces formant pendants, par R.-G. Reeve et F. Rosenberg, *coloriées* et vernies (sans marges).

266. **The Chase of the Roebuck — The Death of the Roebuck**, 2 pièces par Alken et Reeve. Bonnes épreuves, *coloriées* et vernies (sans marges).

HULL (E.)

267. **Going to Cover, 1820.** Belle épreuve, *coloriée*.

HUNT (C.)

268. **Road Riders, or Funkers — The Few, not Funkers,**
2 pièces d'après R.-B. Davis. Belles épreuves, *coloriées* et vernies (sans marges).

JONES (d'après)

269. **May Fly Fishing — Evening October,** 2 pièces par
H. Pyall. Belles épreuves, *coloriées* (tirage moderne).

LAIRD (chez J.-W.)

270. **All in the wrong — A Slight Shock — Courage
cooled — Innocent Sport — Queer Feeling —
Within an Inck,** suite de 6 pièces, d'après Alken ?
Belles épreuves, *coloriées* (retirage).

PAUL (John-Dean)

271. **Leicestershire.** Suite de 4 pièces. Belles épreuves,
coloriées et vernies (sans marges, petites taches).

POLLARD (d'après J.)

272. **Running,** par G. Hunt (chez J. Watson 1822). Très
belle épreuve, *coloriée.*

273. **General Post Office, London 1830,** par G. Reeve,
Bonne épreuve, *coloriée* et vernie (sans marge, res-
taurée).

PORTRAITS DE CHEVAUX

274. **Fleur de Lys, the Property of His Majesty,** par
Th. Lupton, d'apr. Abr. Cooper, 1828. Très belle
épreuve à grandes marges.

275. **Skirmisher, Winner of the Ascot Cup, Great Nor-
thern Handicap and the Biennal Stakes at York,**
par Ch. Hunt. Très belle épreuve, *imprimée en deux
tons* et *coloriée* avec marges, *timbrée.*

276. **Canezou — Blink Bonney.** Deux pièces d'après
H. Hall, gravées, la première par C. Hunt, la seconde
par J. Harris et W. Summers. Très belles épreuves,
imprimées en deux tons et *coloriées.*

277. **Black Prince, entraîné par Th. Jennings, monté
par Quinton — Fille de l'Air, entraînée par Th.
Jennings, montée par Edwards.** Deux pièces d'après
Harry Hall (chez Goupil). Belles épreuves, *imprimées en deux tons* et *coloriées* (sans marges).

278. **Starke, ridden by G. Fordham — Nancy, trained,**
par J. Masson. Deux pièces par C. Hunt. Epreuves
imprimées en deux tons, coloriées et vernies (sans
marges).

279. **Stockwell — La Toùcques.** Deux pièces par J. Harris d'après Harry Hall. Belles épreuves, *coloriées.*

280. **Don John — Touchstone.** Deux pièces par R.-W.
Smart et C. Hunt, d'après J.-F. Herring. Belles
épreuves, *coloriées* (1 sur chine fixé, l'autre en tirage
postérieur).

281. **Sheldon's Celebrated Racing Sires :** Equator — Par-
tisan — Velocipede — Gohanna — Langar — Zin-
ganie — Glaucus — Venison, 8 pièces d'après J,-F.
Herring. Belles épreuves, *coloriées* et vernies (sans
marges).

282. **The Marquis — St-Alban's — Macaroni — Lord
Lyon — Blair Athol — Caractacus — Blue Gown
— Gladiateur — Prince Charley** (2) **— Mortemer —
Cremorne — Montargis — Surplice,** 14 pièces
d'après Herring, Hall et Smith. Epreuves *coloriées*
(plusieurs sans marges et vernies). *Ce numéro pourra
être divisé.*

283. **Sir Tatton Sykes,** Winner of the Doncaster Great
St-Léger, 1846, par R. Mackrell. Belle épreuve de
2ᵉ tirage, *coloriée.*

284. **Ksar, monté par F. Bullock.** Photogravure *en couleurs,* d'après G. Busson, *avec croquis original* à
l'aquarelle par l'artiste, dans la marge, *signée* et
numérotée (6/50).

285. **Belfonds, monté par Semblat.** Photogravure *en
couleurs,* d'après A.-J. Munnings, *tirée sur teinte* et
numérotée (84).

286. **Boïard — Vermouth — Bois-Roussel — Patricien
— Monarque.** Cinq chromolithographies d'après
H. Delamarre (sans marges).

SHAYER (d'après W.-J.)

287. **Ackerman's Coaching Scenes, 1854.** Quatre pièces
par J. Harris. Belles épreuves, *coloriées* (tirage postérieur).

288. **Voitures : Berline, Coach, etc.** Suite de 4 pièces
in-8. Belles épreuves, *coloriées* (sans marges).

289. **Préparatifs et incidents d'une course.** Suite de
8 pièces in-8. Belles épreuves, *coloriées* (sans marges).

290. **Fox - Hunting.** Suite de 8 pièces in-8. Belles
épreuves, *coloriées* (sans marges).

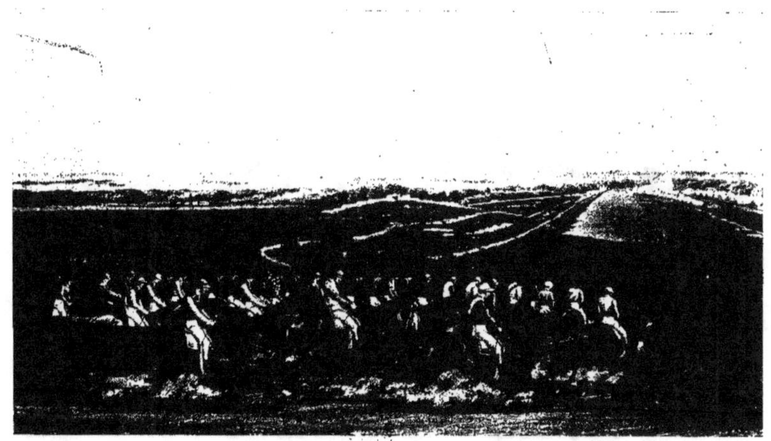

N° 246 du Catalogue.

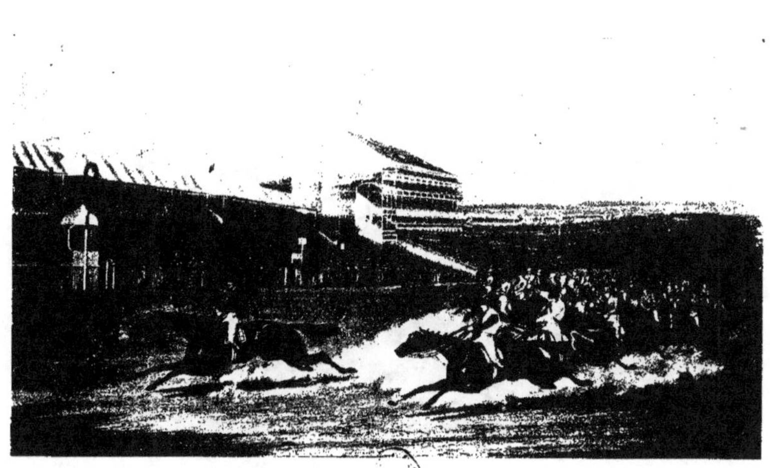

N° 246 du Catalogue.

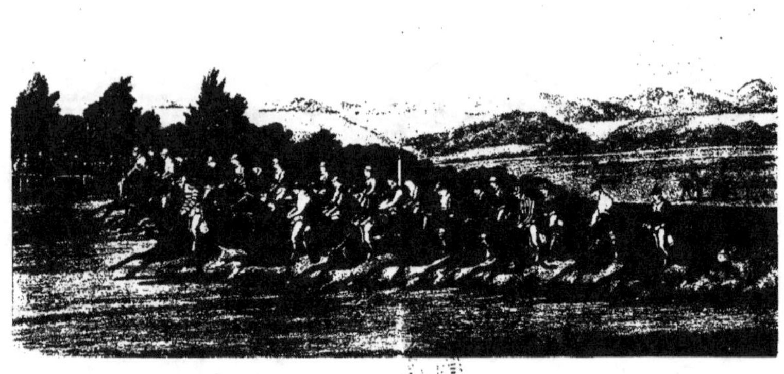

N° 247 du Catalogue.

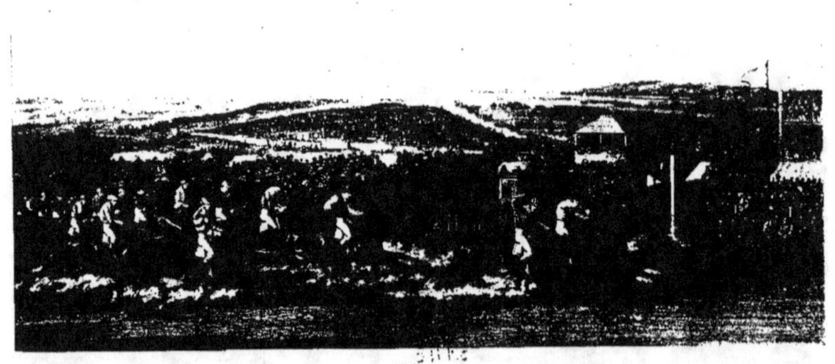

N° 247 du Catalogue.

SMITH (Loraine)

291. **Baggings the Fox,** pl. 5 d'une série de 6 (Scenes
with the Smoking Hunt), publiée par J. Watson,
1826.

STACPOOLE (Fred.)

292. **Retour de la chasse.** Belle épreuve. *coloriée* (sans
marges).

WOLSTENHOLME (d'après Dean)

293. **Fox Hunting.** Suite de 4 pièces par Sutherland.
Belles épreuves, *coloriées* et vernies (sans marges).

DIVERS

294. **Three Members of the Temperance Society** (chez
Fuller, 1847). Belle épreuve, *coloriée* (sans marges).

295. **Le Saut du mur en pierres.** Belle épreuve, *coloriée*
(sans marges).

296. **Scène de chasse.** Belle épreuve, *coloriée* (sans
marges).

297. **Fox-Hunting : The Death.** Epreuve *coloriée* et vernie (sans marges).

298. **Messrs Screwdriver and Reardone's Opinions** con-
cerning " The Prize " (own brother to Lottery) on
the 1st of May 1841. Deux pièces formant pendants,
coloriées et vernies (sans marges).

299. **The Meet — Flooded.** Deux pièces, *coloriées* (sans
marges).

300. **The Meet — The Waddon-Chase.** Deux pièces
coloriées (tirages postérieurs).

301. **Fox-Hunting,** 6 frises sous 2 verres. Epreuves *coloriées* et vernies.

302. **Sujets divers.** Six pièces in-8 *coloriées* et vernies
(sans marges).

303. **Hyde-Park Corner — The New General Post-
Office, London 1849.** Deux reproductions, d'après
J. Pollard.

304. **Flying a Difficulty — Going down a Difficulty —
Going over a Difficulty — Going through a Difficulty — Hoping a Difficulty.** Cinq reproductions
coloriées (d'une suite de 6), d'après H. Alken.

305. **Callistrate — Sweeper II — Sourbier,** 3 photo-
gravures.

AQUARELLES - DESSINS

ARSENIUS (C.-G.)

306. **Gardefeu gagnant le prix du Conseil Municipal, 1898**. A la plume, *signé*.

H. 260 mill.; L. 440.

AUDY (J.)

307. **Le Saut de la rivière**. Aquarelle et gouache, *signée* et *datée* : 1875.

H. 290 mill.; L. 460.

308. **Portraits de chevaux montés par leurs jockeys**. Deux aquarelles gouachées, *signées* et *datées* : 1876.

H. 275 mill.; L. 370.

309. **Portraits de chevaux montés par leurs jockeys**. Deux aquarelles gouachées, *signées* et *datées* : 1876.

H. 200 mill.; L. 270.

BOMBLED (Ch.)

310. **Jupiter**. Au crayon noir, *signé*.

H. 270 mill.; L. 380.

COTLISON (V.-J.)

311. **Little Duck**. Aquarelle et gouache, *signée*.

H. 365 mill.; L. 525.

312. **Frontin**. Aquarelle et gouache, *signée*.

H. 365 mill. ; L. 525.

313. **Saint-Gall**. A la plume, *signé*.

H. 330 mill.; L. 470.

ÉCOLE ANGLAISE (XIXe siècle)

314. **Accidents de voitures.** Trois aquarelles sous un
même cadre.

L. 162 mill.; H. 225.

315. **Après la chute.** Aquarelle.

H. 210 mill.; L. 180.

LE NAIL

316. **La Vague**, par Dollar et Schooner. Aquarelle, *signée*.

H. 210 mill.; L. 310.

PRADES (A. de)

317. **Le Départ — Le Retour.** Deux gouaches, *signées*.

H. 225 mill.; L. 300.